语海泛舟

语文教学智慧随笔

周乘波◎著

YUHAI FANZHOU
YUWEN JIAOXUE ZHIHUI SUIBI

安徽师范大学出版社
ANHUI NORMAL UNIVERSITY PRESS
·芜湖·

图书在版编目(CIP)数据

语海泛舟:语文教学智慧随笔 / 周乘波著. —芜湖:安徽师范大学出版社,2021.4
ISBN 978-7-5676-3603-3

I.①语… II.①周… III.①中学语文课—教学研究—文集 IV.①G633.302-53

中国版本图书馆CIP数据核字(2021)第066888号

语海泛舟——语文教学智慧随笔 周乘波◎著
YUHAI FANZHOU—YUWEN JIAOXUE ZHIHUI SUIBI

责任编辑:童　睿　责任校对:李克非
装帧设计:张　玲　责任印制:桑国磊
出版发行:安徽师范大学出版社
　　　　　芜湖市北京东路1号安徽师范大学赭山校区
网　　址:http://www.ahnupress.com
发 行 部:0553-3883578　5910327　5910310(传真)
印　　刷:苏州市古得堡数码印刷有限公司
版　　次:2021年4月第1版
印　　次:2021年4月第1次印刷
规　　格:700 mm × 1000 mm　1/16
印　　张:14
字　　数:200千字
书　　号:ISBN 978-7-5676-3603-3
定　　价:48.80元

前　言

　　教语文和研究语文，与其他学科一样，都需要智慧。智慧可以让人深刻地理解人、事、物、社会、宇宙、现状、过去、将来，拥有思考、分析、辨别、探求真理的能力。智慧可以使我们做出正确的决策。智慧像一轮朝阳，一旦拥有了这种阳光，就可以使人在学习、工作和生活中得心应手、应付自如。正如罗家伦先生在《学问和智慧》中对"智慧"阐述的那样："智慧是一种透视，一种反想，一种远瞻；它是人生含蕴的一种放射性；它是从人生深处发出来的，同时它可以烛照人生的前途。"这"烛照"就是明灯或灯塔的照耀，就是喷薄而出，永恒四射的阳光。

　　什么是语文智慧？语文智慧是指有效运用口语表达与文字书写，并使其作为思考工具的能力。在我们的日常生活中，就是通过高超的语文理解能力和运用能力，解决一切语文现象和语文问题。我们每位语文教师都应该拥有较强的语文智慧。只有你的语文智慧丰富了、充盈了，你才能驾轻就熟地教好学生，才能居高临下地掌控教材，才能在语文的大海里游刃有余地学习、工作和生活，才能随心所欲地完成和解决各种语文问题。语文教师以语文为武器，以课堂为阵地，以学生为教育对象，以课堂讲授为主要方法，来完成党和人民交给的语文教育的神圣使命。但是语海里的智慧不是天生的，智慧从哪里来？

　　语文智慧是"想"出来的。智慧是从人生深处发出来的，它可以烛照人生的前途。俗话说，"眉头一皱，计上心来"，这"皱眉"的过程就是"想"的过程。智慧是思索的结晶，教师的教育智慧即是教师对教育教学问题长期研究和不断思索的结果。教师如果能从研究的角度来从事语文教学工作，不断发现问题、思考问题，就能不断地增长自己的思考力、感悟力，不断地提炼新见解、新观点，从而全面综合地提高自己的语文学术水平和语文教育智慧。

语文智慧是"勤"出来的。俗话说，"常用的钥匙最光亮""常走的道路最平坦"，这就是勤出成果，勤出智慧，就是向"勤"要智慧，让智慧巧妙地落到实处。有"勤"才有祖逖"闻鸡起舞"的美谈，才有他雄才大展、北伐报国的伟业；有"勤"才有曹雪芹"披阅十载、增删五次"的壮举，才有世界文学史上不朽名著《红楼梦》的诞生。他们的成果是"勤"出来的，是"勤"出智慧的结晶。作为一名语文教师，要特别加强对心理学和教育学的学习和研究，加强对语文教育理论和教学方法的学习。通过"勤"来丰富自己，提高自己，成长自己，汲取更多的智慧营养，最后成为语文学者、语文能师、语文智者。

语文智慧如一片无边无际的大海，泛舟其中，内容就会丰富多彩。语文教学的内容是语言文化，其运行的形式也是语言文化。语文是学习其他学科的基础，是重要的人文社会学科，是人们交流思想的工具。因此，语文具有工具性与人文性相统一的特点。既然语文具有工具性与人文性，那么语文智慧的内容必然是丰富多彩的。它体现在语文教师的各个方面，如要有终身从事语文教育的语文人生，要客观准确地认识语文教学的难与易，要懂得真实是作文的生命，要明确语文趣味是有层次的，要明确教学、教研和教改之间的和谐关系，要正确地做好自己"主导"角色，要切实落实好学生"主体"理念，要圆满地完成课堂教学"任务"，要有意识地落实"大语文"的教育思想，要注意语文教学内容的跨界，要珍惜语文教学传统精品的守护，要给语文待进生以应有的关怀，要完善语文老师之"文"，要做一个有韧性、深受学生喜爱的语文教师，等等。

语文智慧如一片无边无际的大海，泛舟其中，方法就会争奇斗艳。语文方法主要包括教师教法和学生学法两个方面。语文智慧体现在语文方法上是最为显著的，特别是教师的教育教学方法，更是语文智慧下诞生的百花园里万紫千红的花儿。这些花儿包括语感教学法、情感教学法、点拨教学法、情境教学法、导读教学法、反馈教学法、问题教学法、活动教学法、点面教学法、发现教学法、差异教学法、单元教学法、比较教学法、图示教学法、大语文教学法、迁移教学法、尝试教学法、学导教学法，等等。但是这些方法如果都是他人的教研成果，与自己关系不大，那对参阅者来说还只是感性的，还属于别人的经验，还只是拿来用用而已。我们自己的语文方法，既不是将别人的东西融会贯通，也不是直接采取"拿来主义"，而是根据自己的语文教育教学研究和实践，创立自己的语文方法，让其在教学中得到广泛的应用。

语文智慧如一片无边无际的大海，泛舟其中，问题就会五花八门。在语文教学教研和教改中，总会遇到这样或那样的问题，而且越往深度和广度上思考和研究，越会发现许许多多新的问题。这是事物的本质，也是发现的规律。语文问题是发现出来的，不发现是没有问题的。发现的语文问题越多，说明对语文的研究就越深越广，这就是语文教学智慧下所呈现出来的崭新景象。问题出来了，就要有针对性地予以解决，而一旦解决了某个语文问题，就等于上了一个新的台阶。台阶登得越高，解决的语文问题越多，我们的语文之路就会走得越来越宽，语文成果就显得越加丰富。

本书共分为三编，第一编：语海泛舟·内容；第二编：语海泛舟·方法；第三编：语海泛舟·问题。它们都是我在语文教学智慧下对语文各种认识和感悟的荟萃，似语海拾贝，如文山览胜。它们有的是心血来潮时的灵感闪现，有的是长期从事语文教育的思绪而成，有的是教学时的突然发现，有的是备课时的深思熟虑。它们包含教学、教研、教改、阅读、写作、教材、课堂、教师、学生等众多方面，叙事评论不拘，随手拈来，篇幅短小，形式多样，具有散文随笔的特点和"形散神聚"的优势。这些文章可以说是我对中学语文潜心教学与研究的经验总结和成果荟萃，是我对中学阶段语文这门学科的认识和感悟，也是我在语文教学智慧下不断进步、不断成长的足迹。

周乘波

2021年1月28日

目 录

　　语文是撬动各门学科的工具,是开启人生智慧的钥匙。语文是色彩缤纷的花园,让人流连忘返;语文是意境深远的油画,让人浮想联翩;语文是旋律优美的音乐,让人听之动容。语文内容博大精深,涉及广泛,历史悠久,无处不用,无时不见,无所不包。我们在语海里泛舟,就会知道语文内容具有海纳百川、有容乃大的独特优势,就会得到多种多样的熏陶。

语文教学的难与易

语文教学是难是易，这个问题太大太空，太宽太泛，很难一言以蔽之。难易本来就是相对而言的，3+5=8，会者不难，难者不会。难易又是学科之间相比较而存在的，数学老师觉得语文好教，识得字者均可为之；语文老师觉得数学好教，1+1只能等于2而绝不会等于其他任何数字。

既然我们已经加入了语文教师的行列，就从语文角度来说说语文教学的难与易吧。

语文是一门工具学科，其内容是汉语言文字。要掌握语文这个工具，就需要掌握开启语文入门的钥匙。但掌握这把钥匙，并非那么容易，生活中一把钥匙开一把锁，而语文的钥匙是由成千上万把小钥匙组成的，一把钥匙可以开好几把锁，或者一串钥匙同时能够开一把锁，这是由语文学科的张力和柔软度决定的。例如，作文的开头技巧这把钥匙，可以开几十种文章发端之锁；作文《这就是我的承诺》这把锁，可以通过构思写成各种体裁的文章。从这个角度看，语文教学是有点儿难啊。

语文教学是教学生读书，主要涉及语音、文字、词汇、句子、篇章等方面的基础知识。这种教学内容虽然面广点多，烦琐细碎，但是如果相对课本和学生来说，最后还是落实到朗读上，如三味书屋里寿镜吾先生的"大声道：——'读书！'"就是让学生认真读书，熟读课文，进而背诵名家名句名段名篇，这就是朗读教学。例如，《我的老师》开头一段："最使我难忘的，是我小学时候的女教师蔡芸芝先生。"教学时涉及教师范读、学生默读、全班齐读、名家录音朗读等。在此基础上，教师讲解，这句话交代了哪些记叙要素？如时间、地点、人物；这句话具有哪些作用？如提示重点、领起下文、揭示主题、抒发情感等。先读后讲，师生共同活动，也就基本上完成了对该段的教学任务。从这个角度看，语文教学又是比较容易的。

语文学科是提升学生语文素养、陶冶学生道德情操的学科，仅教给学生读书识字是远远不够的。教师是导游，不仅要引领学生观赏教学过程中每一处风景，还要介绍风景之处的传说故事、名人佳话和古往今生等，意在让学生感受到这里的风景为什么这么优美，这里的历史为什么这样厚重，这里的人们为什么英雄辈出。也就是说，不仅让学生知道课文中有些什么，更要让学生懂得为什么有这些的原因。可见教师在备课和讲课时，不能只是静态地、孤立地专注于课文本身的表面内容，还要动态地、灵活地旁征博引、深入浅出，将课文语境涉及的有关人文深层内容，有所选择、有所侧重地传达给求知迫切的莘莘学子。让他们在课堂上既学到比较丰富的语文常识，又获得更多精神雨露的滋养，以体现文学即人学、教书即教人、"千教万教教人求真，千学万学学做真人"的教育理念。例如，《紫藤萝瀑布》中有这样一句话："花和人都会遇到各种各样的不幸，但是生命的长河是无止境的。""遇到"是一种巧合，教学时可将"遇到"作为火种，点燃学生即兴创作的火花：魏巍遇到蔡芸芝、鲁迅遇到藤野先生、阿累遇到鲁迅、黔之驴遇到老虎、屠户遇到恶狼、范仲淹遇到岳阳楼等，一幅幅"遇到"的画面纷呈迭出，学生受到的启发和教益自然是丰富多彩的。如果这样教学，那就很有难度了。

　　可见，语文教学说难不难，说易不易，关键是教到什么程度，从什么角度来看这个问题。如果高标准严要求来看语文教学，应该是很难的。即使觉得不难，也要自我发难，迎难而上；即使觉得不易，也要想方设法化难为易。"人之为学有难易乎？学之，则难者亦易矣；不学，则易者亦难矣。"在难中求易，在易中寻难，以提升我们每位语文教师的教学素质。

真实是作文的生命

著名作家茹志鹃先生指出："做好作文的第一要点，就是需要真情实感。"这就告诉我们，求真是作文的第一要务，真实是作文的生命。

1.真实会让人对号入座，增加作品的教育力量

我们阅读文字作品的时候，往往会被文中的人和事所感动，这是通过读者的对号入座而获得的深切体验。文中的故事吸引人，这是曲折离奇的情节在起作用，可是"辉煌的故事很少是完全真实的"（塞·约翰逊语）；而文中的故事之所以感动人，则是因为真实的人和事与自己的生活经历相贴近、相通合所致。苏格兰作家托·卡莱尔说，"美术一旦脱离了真实，即使不灭亡，也会变得荒诞"，而荒诞的内容是不会感动人的，当然也就没有什么教育意义。朱自清的《背影》感动了成千上万读者，主要在于它的真实：父亲送儿子到车站，父亲过铁道买橘子给儿子，父亲拜托熟人照顾儿子。这些事情虽然很小，但都是真真切切的。它表达的是一种普通真挚的父子之情，因为这种情感是每个人都有的，所以能引起千千万万读者的共鸣。我们读这样的文章，犹如读父亲的来信一样，自然涌动"晶莹的泪光"。读读想想，对号入座，我们的父亲是怎样爱我们的，有哪些生活细节至今还记忆犹新，永生难忘；我们对朝夕相处的父亲又是怀着怎样一种情感，自然会令人深思。这就是《背影》对我们潜移默化的教育力量。

2.真实会让人身临其境，增加作品的感染力

文学作品与现实生活是有距离的。它源于生活，又高于生活，这"源"与"高"的距离，就要靠读者在阅读时通过再创作使之缩小和融合。法国哲学家狄德罗说，"任何东西都敌不过真实"，"敌不过"就是指真实内容具有强烈的感染力。古罗马哲学家普罗丁也说过，"真实就是美，与真实对立的就是丑"，

这里不是指人事物本身的丑，而是指虚假的东西是丑的，意在强调真实的美好可贵。作品内容真实并非是指将现实生活原版搬来，也不是如照片那样与现实情景丝毫不差，而是要吸引人入文入境，感同身受。例如，《一棵小桃树》中所写的几件事：奶奶买回了桃子，奶奶发现小桃芽，奶奶护着小桃树，奶奶去世了。这些有关奶奶的生活片段，虽然只是蜻蜓点水，也几乎都是真实生活的原样呈现，可是写得却那么真实感人。作者当时还是青少年，但经历了这些事情以后，觉得自己一下子长大了。读着这样的文章，你也一定会与作者同呼吸共命运，产生与之一样的悲情。这篇课文之所以写得这样感人，就是因为它能够营造一个个真实的生活情境，让人读后受到深切的感染。

3. 真实会让人面向生活，增加写作的原动力

我们写作的原动力何在，在于现实生活对我们的触动，产生跃跃欲试的写作冲动。魏巍为什么写下他的不朽之作《谁是最可爱的人》，他是这样告诉我们的：“在朝鲜的每一天，我都被一些东西感动着；我的思想感情的潮水，在放纵奔流着；我想把一切东西都告诉给我祖国的朋友们。”这就是魏巍先生面向生活的结果，抗美援朝的英雄壮举是他创作这篇作品的原动力。没有原动力，是无法激起创作热情的。俄国作家列夫·托尔斯泰说：“不错，达到生活中真实幸福的最好手段，是像蜘蛛那样，漫无限制地从自身向四面八方撒放有粘力的爱的蛛网，从中随便捕捉落到网上的一切。”创作原动力从火热的现实生活中来，从五彩斑斓的大自然中来，从日新月异的社会发展中来，我们要像蜘蛛那样，把“爱的蛛网”从我们的身边“撒”出去，去捕捉生活中的真善美，以及带给我们的感动。

“千教万教教人求真，千学万学学做真人。”求真学真，请从真实写作开始吧！

趣味是有层次的

爱因斯坦说过，"兴趣是最好的老师"。众所周知，古今中外，凡是有成就的名家，不论是科学技术方面的，还是文学艺术方面的，都和他们对所从事的工作具有浓厚的兴趣分不开。兴趣是推动学生积极学习语文的巨大动力，有了求知兴趣，他们在学习中就能产生强烈的知识需求，就能体验到学习的无穷乐趣。趣味对每个人都是极其重要的，甚至是人们积极乐观生活的主要源泉。但是，趣味有深浅之异，有远近之分，有主动与被动之别，所以趣味是有层次的。

1. 外来之趣

这是浅趣，是近趣，是被动之趣，是趣味的初级阶段。学生在课堂上听老师讲课，一个个故事佳话，娓娓动听，你一定会在瞬间被深深地吸引，于是趣味产生了，这是外来之趣。当我们走在上学或放学的路上，看到小蜻蜓落在大蝴蝶的背上一起飞行，你可能马上被吸引过去，想看个究竟，这也是外来之趣。你遇到路边有一棵小花儿，上面落满了小飞虫，有的还绕着花儿在不停地飞来飞去，你顿时来了兴趣，过去摸摸，结果沾了一手的花液，嗅嗅，很香，这还是外来之趣。可见，外来之趣的特点是外力所给予的。我们在课堂上听课学习所产生的兴趣，大多为外来之趣，是老师、同学和课文引发而致。例如，老师在教学《沁园春·雪》这篇课文时，绘声绘色地讲述这首词诞生的过程，课堂上鸦雀无声，同学们全神贯注，使他们对当时国家大势的关切之情油然而生，被毛泽东的超人胆略所深深折服。他们的听课情趣也因此被发酵得醇厚而浓烈，这是外来之趣作用的结果。

2. 发现之趣

这是深趣，是近趣，是主动之趣，是趣味的中级阶段。我们生活在丰富多彩的崭新时代，会经常萌生发现之趣的冲动。我们坐在教室里听课学习，只要有发现趣味的意识，做发现趣味的有心人，就会发现教材中隐藏的秘密，发现课堂上潜在的不为人知而有趣的东西。当你真正有所发现的时候，你的兴趣就会如决堤之水，喷涌而出。这种趣味是视觉加思考的结果，是听觉、嗅觉和思维的产物，比外来之趣多了一个脑髓元素，因此它是有心之趣，是主动寻趣的行为，有欲望，有意图，甚至有计划。这种趣一般保留得比较长久，甚至成为自己永远难忘的一生之趣。例如，《三颗枸杞豆》中写道："三颗红色枸杞豆，这也许是三叔留给我的最后一个谜语。但我这回把它猜出来了。它是生命告终的句号！是三个遗憾的'○'！但'○'也是一切事物的起点。"这里的"猜出来"就是发现，"我"由此对植物的观察与研究发生了浓厚的兴趣，也是"我"之所以成为著名植物学家的秘密所在，可见发现的趣味是多么的可贵、多么的伟大。

3. 想象之趣

这是智趣，是远趣，是主动之趣，是趣味的高级阶段。想象就是幻想，"幻想是极其可贵的品质"。爱因斯坦认为，"想象力比知识更重要，因为知识是有限的，而想象力是概括世界上的一切，推动着进步，并且是知识进化的源泉"。我国著名数学家、教育家王梓坤先生也说："通过想象，人们可以把时间缩短，空间缩小，或者反之，把它们放长，放大。"可见，想象之趣源于大脑，是大脑智慧积极主动思维创造的结晶。这种趣可以是由此及彼、由近及远的联想所得，也可以是无中生有、捕风捉影的幻想生成。那些童话故事、神话故事、科幻故事、民间故事，都是各自作者想象之趣的产物。例如，《幼时记趣》的作者沈复，少时的想象之趣是那么的丰富，"蚊声如雷声贯耳，蚊舞如云中白鹤，丛草宛如茂密的山林，虫蚁好似凶猛的野兽，凸起之处成为高高的丘陵，凹陷之处成为深不见底的沟壑"。通过这些超常想象，将观察之物无限"放大"，获得的趣味是无穷无尽的。可见，想象之趣无拘无束，天马行空，产生的人生价值也是极为神奇可贵的。

课堂举例要适当

　　无论担任什么学科的教师，课堂上总少不了举例。通过举例，不仅可以使教学的内容具体实在，血肉丰满，有利于学生对文本内容的认知和理解，扩展知识视野，而且有助于教师传达和贯彻自己的教育教学理念。中学语文学科注重"文道合一"，所及知识广博，又是学好其他各门学科的工具，举例就会更加频繁，更为重要。语文教材虽然也呈现许多例子，但与洋洋大千世界相比，就显得太微不足道了。中学语文课堂举例这件事，本不应该作为一个专门问题拿来谈及，有人甚至认为是小题大做。实际上，如果严格要求、严密思考、严谨定位、严肃评价，课堂举例并非不值一提的小事。有的教师就是在举例时出了问题，因小失大，导致满盘皆输。

　　举例是为解读课文、加深理解、提高学生语文素养和认知能力服务的。通过举例，对课文主题、人物、写法，以及各类语言现象等产生积极而明晰的佐证作用。举例之后，如果学生对课文有了更深的理解和感悟，就达到了举例的目的。

　　举例适当，全课生辉。适当就是合适、恰当。检验"适当"的标准是与课文呈现的内容有紧密的联系。所举的例子可以与课文中的例子属于同类，即同是正面，但最好列举与之相反或相对的例子。众所周知，列举同类例子只是数量的增加，而列举相反或相对的例子，对拓展课文宽度，开辟崭新领域，活跃逆向思维，具有质的意义，有助于学生对课文内容产生辩证认识。课文语境中有的只提到某种观点、某种情况或某种现象，没有举例说明或印证，给学生的印象则是概念化的。这时就可以让学生调动知识储备，拈一些恰当的例子，以证明课文内容的正确性，增加对有关概念的具体认识。特别是那些议论性作品，文中虽然已经有了若干论据，但论据仍然显得比较单薄，通过新添反例，以增加论证的宽度和厚度。《有的人》是一首哲理诗，开头写道："有的人活着，他已经死了；有的人死了，他还活着。"它表达了作者对不同人生观和价值观的评价，是一种观点，但是缺少举例，这时就可以让学生列举实例，使作者的观点得到证明。以"有的人死了，他还活着"为例，列举的例子有：林则徐、鲁迅、刘胡兰、雷锋、焦裕禄等，这便活跃了课堂气氛，丰富了诗歌容量，陶冶了学生的英雄情结，使课文内容熠熠生辉，光彩照人。

举例不当，满座愕然。不当就是不合适、不恰当。"不当"的内容包括所举的例子与课文情感不协调、与课堂气氛不和谐、与学生情绪不合拍。教师在课堂教学中，为了讲课需要，往往在关键时刻列举一两个生动、典型的例子，以增加学生的兴趣，活跃课堂气氛，同时也可以降低解读难度。可是如果举例不当，不仅对理解课文产生副作用，甚至会让学生顿生逆反心理。可见，举例不当等于走错了路，其后果是不堪设想的。笔者有过这样的亲身经历，有一位教师在上评选课时，抽到的课目是《背影》，他在解题环节结束以后这样导入："同学们，作者的父亲虽然'膀子疼痛厉害'，但是对作者的关怀始终没有放弃过，所以写这篇文章时，作者的心情十分沉痛。设身处地想想，你们家如果有人得了重病，你们的心情又会是怎样的呢?"这是教师当时的原话，实际上是举例，例子的对象是学生"你们家"。此话一出，满座愕然，很多同学瞪大眼睛，感到不可思议，难以接受，有的同学还显现出极为反感的情绪，其结果是这位教师被评委淘汰了。可见，举例不当给教师带来的后果是严重的，虽然这位教师被淘汰与他的整体教学水平不高有关，但笔者以为这个举例起了定性作用。

教材配套内容的尴尬境地

教材配套内容是指正式编入课本，但与单元课文有别的文章。以2017年7月颁行的"部编本"七年级上册为例，除课文外，涉及的项目大致有七类：课外古诗词诵读2篇、写作6篇、综合性学习3篇、名著导读2篇，总共13篇，囊括了听、说、读、写等方面。

这些配套内容，说它们是教材那是毫无疑义的，因为它们白纸黑字印刷和穿插在课本之中；说它们非课文也是准确无误的，因为它们并不是编有序号的单元阅读课文。说它们十分重要是无可非议的，因为正是有了它们，才体现了教材的多样性和丰富性，才展示了语文的广泛性和综合性，才符合"大语文"观的理念和特点；说它们常常被忽视是符合实际的，因为教师在教学时，不少人都绕过或跳过它们，是教材中忽略不计的对象。说它们是教材的半壁江山绝非耸人听闻，因为"部编本"七年级上册总共141页，单元课文占90页，配套内容达51页；说它们是被师生遗忘的角落，也是实事求是的，它们偏安一隅，躲在拐角里，独自悲鸣，编者选取了它们，师生却不滋养它们。教材配套内容的尴尬境地还远不止如此。

上公开课的教师如果自选内容是从来不选这些教材配套内容。为什么呢？因为这种内容不好上，听者也不好评。实际上，如果真的以它们中的一员为教学内容，是很容易创新的，但是为了保险，为了备课和讲课的驾轻就熟，为了减少失误和听课者的评课麻烦，教师只有选择某篇有把握的课文来展示，不愿意冒着风险去尝试。笔者听课数以百计，却见不到一节课是讲解教材配套内容的。正因为如此，研究教材配套内容的名家学者少之又少。

教师评职称讲课、赛课等，会抽签定课，以示公平公正，但是评委大多不以配套内容设置为抽签范围。教师最怕抽到教材中的配套内容，因为他们平时从未上过，就这样配套内容只好继续待在角落里。

教师备课时大多不备写教材配套内容的教案。每个学期工作结束前，学校都要进行期末教学检查，查什么，主要是查备课笔记。结果发现，教师对所谓的"正课"（正式课文）备写得都比较完整翔实，如"部编本"七年级上册共22课，大多为详案，规范而完整。可是没有一位教师备写配套内容，甚至连"写作"这一重点配套项目，也是空空如也。

教研部门大多不开展教材配套内容的专项研究。好多年来，各级教研部门经常开展这样或那样的专题研究活动，诸如散文教学内容的确定研究、小说教学内容的确定研究、诗歌教学内容的确定研究、文言文教学内容的确定研究，以及微课研究，复习研究等，可是很少有教材配套内容方面的研究。配套内容不是课文，备课可以不备，课堂可以不教，因为没有实用价值，何必投入时间和精力呢？

殊不知，教材配套内容却是要考试的：写作，考；综合性学习，考；名著导读，考。而正式课文中的材料，除了文言文之外，倒反而不考，于是矛盾产生了。没有关系的，他们会认为这些配套内容的项目虽然大考卷面上经常有之，可是教材中的原题却没有。有了这种意识，配套内容只能仍然处于被冷落、被遗忘的尴尬境地。

当语文老师的好处

不少语文老师私下抱怨，当语文教师是走错了门径，言下之意就是当语文教师吃了大亏。问其原因，他们也能说出个子丑寅卯来。同样，其他学科的老师站在他们的角度也如是说。实际上，这是他们犯了"职业倦怠症"的毛病。一旦积下这种心理痼疾，工作激情和业绩是可想而知的。如果语文老师都以积极上进的精神状态来对待自己所承担的工作，那么笔者以为，当语文教师有很多好处。

1. 能说会道

语文教师与文字打交道，在汉语言的丛林里穿梭往来，在文学的海洋里自由游弋，向学生讲授语文知识，传授文学精髓，播撒文化雨露。久而久之会怎样呢？常言道，"熟读唐诗三百首，不会作诗也会吟"，与此同理，语文教师时间当长了，不会说话也能讲。这是他们勤学苦练"练"出来的，是他们乐此不疲"乐"出来的，是他们耳濡目染"染"出来的。叶圣陶先生告诉我们："所谓语文，语是指口头语言，文是指书面语言。可见，语文是口头表达能力与书面表达能力的综合体现。"课堂上教师用的大多是口头语言。口是传声筒，通过对课文的讲析以及与学生的现场交流，那些有责任心和好胜心的语文教师，就会"百炼成钢"，自然"能说会道"起来。能说会道是一种技能，也是一种素质，一旦具备了这种优势，就会乐趣无穷，终身受益。北京师范大学教授康震和南京师范大学教授郦波，在诗词大会上的妙语连珠、能说会道，让人视之听之，如饮甘露，如沐春风，佩服和敬仰之情油然而生，当语文教师的好处由此可见一斑。

2. 能写会书

语文老师应该是学校里的笔杆子，不仅能说会道，还要能写会书。语文老师如果不会写文章，人们就会感到不可思议，因为他们的职业就是能写会书的代名词。如果语文老师的毛笔字、钢笔字和粉笔字稍微有点儿逊色，会要遭人非议，为什么呢？语文老师是学文的、教文的、会文的，怎么不能写、不会书呢！以上种种情形告诉我们，从事语文教学，你就必须能写会书，这是职业使然。在教育领域发表文章的老师之中，语文老师首屈一指。笔者所在的地区，在中小学特级教师和正高级教师中，语文教师总是占相当高的比例，这是为什么呢？因为语文老师能写会书，他们中发表文章、著书立说的佼佼者甚多，符合评特级和正高条件者自然就多。这些不都是当语文老师的好处吗？

3.能交会往

交往就是互相往来，是人与人之间彼此联系的一种途径。只要是社会中正常的人，都是要与人交往的，特别是文人之间的交往，更是一种高雅而丰富的志趣活动。语文教师是文人中能交会往的一支有生力量，他们在与人交往中，充分展示自己交往的素质和才能。交往时间一久，如果良性发展的话，就会上升为交朋结友活动。《福楼拜家的星期天》中写道："每到星期天，从中午一点到七点，他家一直都有客人来。"来者都是作家和文人，其中都德就曾是小学自修课辅导员，他们的交往多么密切，气氛和谐。可见，语文老师本来就善交益友，再从古今中外文人的交往中汲取精华，他们的交往活动就会更加丰富多彩。这也是当语文教师的好处啊！

介绍作者有讲究

介绍作者是语文教学环节中的重要内容，一般放在题意阐释之后。对相关作者的介绍既要避免年谱式过详，又要防止点睛式超简。可见介绍作者是有学问、有讲究的，概而言之为如下三"点"：

1.介绍作者人生旅程中的亮点

人生于世，无论是凡人还是伟人，在他的人生旅程中，不会永远平淡无奇，亦不会始终霞光万道。将作者的亮点介绍给学生，不仅是对作者的尊重和敬仰，也会大大激发学生对作者为人和事迹的印象，有助于他们保持良好的学习状态，有益于课堂预期效果的达成。例如，教学散文精品《春》时，教师可以这样介绍朱自清：

> 朱自清是我国现代著名的散文家。他是一个勤奋刻苦的人，18岁就考取了北京大学；他家境贫穷，贫病交加，可是他宁可饿死也不领美国的救济粮；毛泽东主席评价他"表现了我们民族的英雄气概"。

这短短的几句话，就将朱自清一生中三个最耀眼的亮点呈现出来。这三个亮点分别是："18岁考取北京大学""宁可饿死也不领美国的救济粮""毛泽东主席评价"。笔者发现，当老师每讲到一个亮点的时候，学生的眼睛都不约而同地放出亮光，肃然起敬，深深地感染和激励着学生的思想情绪。这就是作者亮点所产生的作用。

2.介绍作者人生旅程中的难点

俗话说，"不如意事常八九"，在人生的漫漫旅途中，总会有荆棘相伴，坎坷相随，每位课文的作者也是这样。我们在介绍他们的生平事迹时，就要根据他们的生活经历，将他们在人生旅途上最难的地方，即难点介绍给学生，让学生感受到作者生活的苦难和创作的艰难，这样的介绍定然能够震撼学生的心灵。

3.介绍作者人生旅程中的拐点

拐点本是一个数学概念，运用到生活中就是指事物的发展趋势发生改变的地方。一个人的生活轨迹并不总是一条直线，这拐弯的地方就是拐点。拐点虽然有大有小，有多有少，有长有短，但是人生大的拐点往往就那么一两个。正是这个拐点使之改变了人生航向和奋斗目标，如"投笔从戎""弃暗投明""解甲归田"都是人生拐点的形象概括。可以说，每位课文作者都经历了他们自己千差万别的若干拐点，介绍作者时将其拐点传达给学生，可以帮助学生加深对作者人生脉络以及对课文主题的认识和理解。例如，鲁迅的人生拐点只有那么几个，弃医从文是其中最突出的代表。在教学《藤野先生》介绍作者时，就可以将他的弃医从文情形作为重点介绍给学生：

> 鲁迅在日本仙台教室里看的时事片子中，有众多"体格强壮，神情麻木"的中国人，在淡然地围观被当作俄国侦探处死的同胞，鲁迅受到极大打击。他觉得，精神上的麻木比身体上的虚弱更加可怕。于是他毅然弃医从文，告别先生，离开仙台，从此投身到拯救中国人麻木灵魂的文艺运动中，这就是鲁迅的伟大之处。

这就将鲁迅人生中这次大的拐点，简明扼要地介绍给学生，对学生学习《藤野先生》、认识鲁迅都有着极为重要的意义。

语文课堂需要语文智慧

这个命题涉及"智慧"和"课堂"两个概念。"课堂"是立足点，任何内容和设计都必须通过课堂这一场所来完成。"智慧"是指要充分发挥教师的语文教育才智，通过创新方法来展示语文，促进学生的发展，提高学生的语文综合素质。"课堂"是语文智慧实施的特定园地；学生是语文智慧吸纳和绽放的主体，失去了学生这一主体，任何语文智慧活动都是无意义的；而这一切又必须以语文教师的语文智慧教育为前提，三者缺一不可，教师的教育智慧尤为重要。

语文智慧课堂告诉我们，教学不再是简单的语文知识学习的过程，它是师生共同成长的生命历程，是不可复制的激情与智慧综合生成的热土。随着新一轮基础教育课程改革的不断推进和课堂教学改革的不断深化，语文课堂教学呈现的艰巨性、复杂性，以及教学活动自身的特异性和多变性，都对语文教师洞悉复杂局面、应对复杂挑战的智慧品质和智慧水平提出了很高的要求。

为了适应这一要求，语文教师首先要考虑如何从简单的语文知识教学走向语文智慧教育，从培养语文"知识人"转为培养语文"智慧者"；用教育哲学指导和提升教育改革，引领学生向往智慧、热爱智慧、追求智慧；让智慧唤醒课堂，让课堂充满智慧，促进教师在语文专业的道路上不断成长。这样的语文教师主导着这样的语文课堂，教学定然会焕发出勃勃生机与无穷的智慧。

苏霍姆林斯基说："人才只有靠人才去培养，能力只有靠能力去培养，才干只有靠才干去培养。"同样，智慧的学生只有靠智慧的老师来培养。既然学生的智慧是靠智慧的老师去开启的，这就要求老师首先要成为一名智者。不仅仅只比学生"多半桶水"，更要比学生"多半桶智慧"。智慧人人都有，智慧的多少不仅有先天因素，更要靠后天长期的积累和大量的训练。语文教师要通过多种途径来增加智慧，努力向智慧型教师迈进。

语文教师的智慧是"想"出来的。智慧是从人生深处发出来的，同时它可以烛照人生的前途。所以说，"智慧是联想的母亲"，没有智慧，是不会产生联想这一新生儿的。俗话说，"眉头一皱，计上心来"，这"皱眉"的过程就是"想"的过程，要多想出智慧，多开动脑筋。智慧是思索的结晶，教师的教育智慧即是教师对教育教学问题长期研究和不断思索的结果。教师如果能从研究的角度来从事语文教学工作，不断发现问题，思考问题，就能不断地增长自己的思考力、感悟力，不断地提炼新见解、新观点，从而全面综合地提高自己的语文学术水平和语文教育智慧。郭沫若先生的《天上的街市》，由地上的街灯"想"到天上的街市，"想"到天上的物品和人物，"想"到天上的美丽和自由。这首诗是想象的产物，也是诗人智慧的结晶。例如，教学《最后一课》这篇课文结束后，让学生展开想象，续写末尾，也即"最后一课"之后的韩麦尔何去何从，让学生通过联想进行智慧训练，他们的创造智慧便得到了充分释放。

　　语文教师的智慧是"勤"出来的。俗话说，"常用的钥匙最光亮""常走的道路最平坦"，这就是勤出成果，勤出智慧，这就是向"勤"要智慧，让智慧巧妙地落到实处。例如，教学《藤野先生》这篇课文时，通过老师的睿智，来启发学生对课文第一句话中"这样"一词的指代进行讨论，课堂如一泓活水，大家勤思多想，见仁见智，发表了很多智慧箴言，辨别和联想智慧在此得到空前绽放。

教材"改名换姓"的意义

"改名换姓"的原意是为了隐瞒真实身份而改换了原来的姓名。其目的或为了从事隐蔽性活动而使用假名，或为了逃避惩罚而张冠李戴，或为了斗争和生活的需要而李代桃僵。总之，改名换姓是为了某种需要或某种追求，是一种策略，也是一种机智。社会生活中的改名换姓现象非常普遍，可以延伸和影响到各个领域。本文所说的改名换姓是针对语文教材来说的。

中小学语文课本，旧称为"国文"。"语文"就是语言和文学的简称，包括口头语言和书面语言，亦指听、说、读、写、译等语言文字能力和语言知识及文化知识等，其内涵和外延都要比"国文"宽广得多，丰富得多。而"语文"到了大学又改名换姓为"中文"，内涵和外延又缩小了。但改来变去，都少不了一个"文"字。通过这些名称的改动，显示了名实的准确、称谓的严密、时代的发展和学科的意义。

2001 年之前，我们的教学纲领性文件称之为《语文教学大纲》，简称"教纲"或"大纲"。何为"大纲"，原指网的总绳。三国曹植《白鹤赋》有曰："冀大纲之解结，得奋翅而远游。"亦指总纲、要点，总领全局的重点所在，《汉书·叙传下》有文："略存大纲，以统旧文。"可见，"大纲"就是"总纲"的意思。2001 年九年义务教育实行改革之后，原先的"大纲"之名就不用了，不仅要重新修订，甚至要全面改动。既然如此，就不能再叫它为"大纲"了。叫什么呢？叫做《义务教育语文课程标准（2011 年版）》。何为"标准"，标准是规范性文件之一，其定义是为了在一定的范围内获得最佳秩序，经协商一致制定并由公认机构批准，共同使用的和重复使用的一种规范性文件。这个定义非常准确而具体，"标准"属于一种"规范"、一种"文件"，在义务教育阶段"范围内"使用，经过教育部"批准"，可以"重复使用"。比"大纲"的表意就要具体得多，全面得多，所以《义务教育语文课程标准（2011 年版）》

的阐述包括"附录"就多达四万字，而2000年版《初中语文教学大纲（试用修订版）》只有三千多字。那么，能否将后来的"标准"仍然叫做"大纲"，或者能否将以前的"大纲"换称为"标准"呢？当然不行。可见，即使表达了大致相同意思的文献，或者即使具有相同地位的文件，内容和详略发生了变化，名称也要跟着改变。这是名与实相符的需要，也是改名换姓的学问。

　　原来人教版的语文课本封面左上角方框里的文字是"经全国中小学教材审定委员会2001年初审通过"，这里的"全国中小学教材审定委员会"是一个什么组织或单位呢？它是由教育部聘请专家组成的机构，是根据国家制定的教学计划中的中小学课程而设置的。在"课程标准"诞生的背景下，也诞生了各种版本的语文教材，如苏教版、语文版、北师大版等，可谓百花齐放。除了人教版有一定的官方意味外，其他的都属于地方教材，由相关单位聘请专家编写。这些教材经过了十多年的使用证明，各版都存在这样或那样的问题，引起了教育人士和教育高层的高度重视，于是教育部下了很大决心，于2015年前后又重新组织专家编写，虽然对原教材仍然以修订为主，但是其单元组成、课文增删、语知介入、写作布局、综合实践、名著导读等各个方面都作了较大的变动。既然是新教材、新版本，虽然也是"人教版"，但是左上角标识性内容也应该改名换姓了，长形方框变成了圆圈形，圆圈里的文字变成了"教育部审定2016"。"教育部"是国务院组成部门，自然是官方单位。既然是官方的，于是自2017年秋季七年级开始，全国各地语文学科统一使用"部编本"教材，这就是"部编本"的意义。

写作尽头"又一村"

无论是学生的练笔活动，还是教师自己的写作行为，往往会遇到写不下去的情形。写不下去，有时是因为我们对于书面语言这个工具还没有很好地掌握，但有时并非缺乏表达能力，而是我们的思维受到了阻碍。这时候不能"碰到南墙不回头"，硬着头皮往前走，而要转换思维方向，放聪明一点，机智一点，此路不通，改走彼路，增设新的途径、新的语境，从而产生峰回路转、"柳暗花明"、写作尽头"又一村"的神奇效果。这主要有两种途径：

1. 增置相对相反领域

语言上常常通过"反而言之"或"恰恰相反"等词语转换引渡。"反而言之"就是反过来说，或与此相反，又可以叫做"反之"；"恰恰相反"就是正好相反。这种情况一般要运用对比方法，或先正后反，在正面内容写到尽头和终极之处，介入若干相关反面内容，别开生面，豁然开朗；或先反后正，在对反面的事物写到山穷水尽之时，再来一个"三十年河东转河西"，开辟崭新天地，步入全新境界。这样做既属于思维转换范畴，也与写作技巧密切相关，其目的是通过相对或相反思维的巧妙实施，拓展文章的时空领域，使所要表现的内容更为客观全面，更符合生活逻辑。

例如，"我们儿时学走的时候，一开始总是先跑，因为站不稳，立不住，摇摇晃晃，慢走就要摔倒，于是只好'不学走先学跑'了。可是又总是跑不远，跑几步跌几跤。这时候，大人们心疼得不得了，摸摸受伤处，亲亲脸蛋，'小宝小宝'唤个不停，甚至泪水盈眶，此后便不再放手"。习作写到这里，似乎到了极点，不知道怎样往下写去，可是如果一用"反而言之"或"恰恰相反"，新话题、新内容就来了，"恰恰相反，大人们这种做法明显不妥，殊不知正是因为有了开始的'跑'，有了开始的'跌'，有了开始的'受伤处'，才能在相对较短时间内真正的学会走，走得稳，学会跑，跑得快。如果将孩子永远保护起来，那他们永远学不会走路，更谈不上跑了"。这就有了写作尽头"又一村"的崭新文域，文脉顿然活跃起来。

2.增置相辅相成领域

语言上常常通过"换而言之"或"与此同理"等词语转换引渡。"换而言之"就是换一句话说，表明后面的内容与前面的意思是相同的，只是角度不同而已；"与此同理"就是与这个道理完全相同，表明后面阐述的问题与前面的道理是完全一致的，只是所站的方位或角度不同罢了。这种情况下的写作，是在原有文字的基础上，增加相同或相近的内容，通过"换而言之"或"与此同理"引出"又一村"之景。此后的文字内容虽然与前面的内容属于同类，但给人的印象并无重复之感，而是对前面内容的补充和丰富，是又一片崭新的天地。如同写山，前面是泰山之雄，后面是华山之险；如同写水，前面是乌苏里江的宽阔与慢流，后面是雅鲁藏布江的水急与浪高。这就产生了优势互补的特殊功效。这种写作，就是由张三想到张四，由李四想到李五，而非由张三想到李四，是相近内容的巧妙呈现。

例如，"语文是我们与人交际来往、接受与传递的工具。换而言之，语文是学习所有一切学科的基础和前提，透过语言文字，方能进行其他各科的学习活动。与此同理，语文基础好，学习其他学科就有较好的成绩；语文基础不好，学习其他学科就不会那么顺利，甚至会产生学不下去的情形"。这里运用了"换而言之"和"与此同理"两个转换过渡词语，也就是说，运用了两次相辅相成的转换方式，将语文的重要性阐述得非常充分，"换而言之"前后内容都是关于语文重要的理论分析，"与此同理"后面属于概括举例性的证明，整个句群所阐述的意思只有一个，那就是学好语文是极其重要的。

可见，当我们的作文写不下去之时，当我们的思维到了山穷水尽之际，就要运用"反而言之""恰恰相反""换而言之""与此同理"等启发性转换词语，将我们引入"又一村"的崭新写作天地。

看电视学语文

不少家长是反对正处于学习阶段的孩子看电视的。原因很简单，看电视会浪费宝贵的学习时间，影响和耽误求学正业。这种认识和担心代表了很多学生家长的观点。从某种意义上客观地说，这种认识不无道理，中学生还处在控制力比较差的青春期和叛逆期，有的电视节目特别是一些情节紧张的故事片和连续剧，他们一陷进去就难以自拔，非顺藤摸到"瓜"不可，不知不觉时间就不声不响地"匆匆"溜走了。但世界上任何事情都是一分为二的，也都充满问题和学问，看电视也是这样。如果我们的家长和孩子把看电视当作学习特别是学语文的好机会，那么这种看电视不仅不会影响和耽误学习，甚至还会促进和提高他们学语文的劲头和趣味。

电视上播放的各类节目都充溢着丰富多彩的语文知识。电视节目频道不同，播放的内容不同，每位学生的爱好不同，选择频道自然不同。但无论是哪一个频道，无论是影视故事、综艺节目、动画节目、益智节目还是新闻内容，都是由图像、文字、声音等三要素构成的。这些要素中，如果从学科角度来定位，涉及德育和语文的内容最多。如果我们再将所见所闻与语文学科联系起来，那就更无处不充溢着语文元素。如果我们在看电视的时候有意识地学学语文，抓住一切机会想想语文，其中传达的语文知识就会如潮水般向我们涌来。仅以中央电视台播放的节目为例，且不论《挑战不可能》充满了传奇色彩和对比手法，也不论《经典咏流传》中诗词与音乐巧妙结合所产生出来的恒久魅力，单是2018年2月15日播出的《生活圈》里传达的语文知识就有：包饺子所用的"擀""捏"等准确的动词知识，"饺子不高兴"等拟人、设问、反问频繁运用的修辞知识，包饺子程序中的说明知识，芋头饺子的健康知识，三分钟、三比一等数词知识，"芋饺"的寓意知识，"小心翼翼""出其不意"等成语知识，"脑洞大开"等妙用的网络语言知识。这些知识综合呈现于"生活圈"

中，生活意义自不必说，语文价值甚至对写作也会产生有益的启示。如果我们在看电视时没有这种"语文之心"，看之罔之，关之了之，那就什么也得不到，父母当然是要反对的。

学生要有意识地选择具有语文特质的电视节目，尽心学习和欣赏。毫无疑问，电视中传播的内容对人类具有沟通、教化、动员、导向、感染、批评等重要作用。这些作用虽然都与语文有一定的关联，但如果从每个人对语文的需求来看，又是因人而异的。因为每位学生个体的语文程度是不一样的，他们的语文爱好和语文程度的优劣也是各不相同的，有的在写作上需要帮助，有的在知识面上需要扩展，有的在文言上需要辅导，有的在基础知识上需要加强。而这些短缺弱项都可以通过看电视获得满意的弥补，但其前提有两个：一是要有选择，不是任何电视节目都具有这样的内容；二是要有意识，即抱着求知的态度主动地去寻觅，要什么找什么，找什么看什么，看什么想什么，想什么补什么，通过看电视来弥补自己紧缺的知识。例如，中央电视台播放的《中国成语大会》《汉字书写大会》《中国诗词大会》《中国民歌大会》《出彩中国人》等节目，特别是前三者，从某种意义上来说，形式上虽然具有竞争的特点，但在内容上则属于传统文化的传播和浸染，简直就是为中小学生量身定制的。仅以《中国诗词大会》为例，通过观看、辨别和鉴赏，可以增加他们的诵读记忆能力、辨识欣赏能力、评价比较能力以及道德情操的熏陶，产生的综合效果远远超过诗词本身。而且这样的知识是通过电视有声有色、有图有像、有争有比、有趣有味、有情节有悬念呈现出来的，是任何语文课堂所难以企及的，这就是看电视的好处。

可见，孩子看这样的电视，家长不仅不能反对，而且还应该鼓励他们去看，为他们寻找和创造看的机会。因为看这样的电视对学语文是大有裨益的。

"主导"主要"导"什么

"以学生为主体，以教师为主导"是2009年颁行的《国家中长期教育改革和发展规划纲要（2010—2020年）》中的理念之一。其中，"主导"一词是对教师在课堂角色的重新定位，即应该起"主要引导"作用，将教学进程及时、巧妙、顺畅地"向青草更深处漫溯"。那么，主导主要"导"什么？

1. 主导主要导序

"导"序就是顺应教学过程的变化，主导课堂环节转换之序。课堂教学都是通过若干个环节构成的，完成一个环节，自然要过渡到下一个环节。就在这转换的关键时刻，教师的主导应运而生：导课文内容的过渡，导上下环节的变化，导前后问题的衔接，导学生情绪的延续。

例如，教学《天上的街市》时，在完成了诗歌主体部分的解读之后，教师就可以这样设"导"："看来，天上的街市与地上的街市就是不同，那里所有的物品，都是地上的街市所没有的，只有这样，才配称得上是'天上的街市'。这位同学的联想非常神奇，思维很开阔。那么，作者为什么要把天上的街市写得这样美好呢？"由此导出对教材深层内容的探究，大大激发了学生面向社会、积极反思的热情。导序在课堂主导中运用频率最高。

2. 主导主要导疑

由于学生受知识层次和生活阅历所限，他们对教材的理解和认知，总会存在这样或那样的疑问。这些疑点有的呈现于教材表面，有的隐藏在作品深处，无疑是教材的难点。对于这些疑难内容，一旦被师生捕捉到了，应该成为教师主导的重点。解决了疑难问题，学生的理解和认知能力就会获得明显的提升。

例如，在教学《社戏》这篇课文时，针对结尾"一直到现在，我实在再没有吃到那夜似的好豆，——也不再看到那夜似的好戏了"这句话，进行这样"主导"："同学们，结尾这个句子无疑是全文的总结，可是总结对象的先后次序好像出了问题，小说的主体部分是先写'看戏'，后写'吃豆'，可这个总结句却是先说'吃豆'，后说'看戏'，这不是形成反差和矛盾吗？大文学家鲁迅是不是粗心放错了它们的位置呢？"学生质疑的欲望由此一下子被激发出来。导疑是课堂主导中的难点。

3. 主导主要导情

课堂教学质量的优劣，首先取决于学生学习情绪的高低。古人云，"知之者不如好之者，好之者不如乐之者"。乐学是学好知识的重要前提，也是教师课堂教学孜孜以求的理想境界。因此，将学生的学习情绪充分调动起来，激发他们的求知欲望和热切之情，应该成为教师主导的重要内容。

例如，在教学《甜甜的泥土》这篇课文时，教师一开始就这样进行导说："同学们，幸福的家庭总是相似的，不幸的家庭却各有各的不幸。当我们每次放学回到幸福温馨之家的时候，你们可曾想到，在这个世界上，还有一些不幸的家庭，这些家庭的孩子尤为不幸，王小亮就是其中的一员。让我们带着这份深情厚谊，走进黄飞先生的短篇小说《甜甜的泥土》，去触摸主人公王小亮的生活脉搏吧！"这就将学生的关注之情和他们的学习兴趣一下子激发出来了。导情是从课堂主体角度确定的。

4. 主导主要导练

任何学科和学段的课堂教学，都应该离不开练的环节。"拳不离手，曲不离口"，练是硬道理。练什么？练读，练想，练说，练写。在每次训练之前，教师自然要精心设"导"。导什么？导练的方向，导练的内容，导练的形式，导练的角度，导练的重点，导练的难点。

例如，《囚绿记》中有这样一段话："这房间靠南的墙壁上，有一个小圆窗，直径一尺左右。窗是圆的，却嵌着一块六角形的玻璃，并且左下角是打碎了，留下一个大孔隙，手可以随意伸进伸出。圆窗外面长着常春藤，当太阳照过它繁密的枝叶，透到我房里来的时候，便有一片绿影。"解读到这里的时候，就可以这样导练："同学们，这段文字以描写为主，如果将它变为说明方式呈现出来，变主观为客观，淡化情感，对象内容不变，文字'精兵简政'，你们会变吗？"由此进入练笔环节。导练是课堂现场检验学生语文能力的最佳途径。

教材应该是训练基地

高考不对课本出题已经二十多年了。所谓"不对课本出题"，就是不用课本上的语言材料。这就等于我们煮饭，不用自家田里出产的大米，而改用超市买来的米下锅。高考不对课本出题，就是换了命题材料，但考试中出现的知识点，都是我们平时课堂上所讲授和训练的东西。因此，无论高考语言材料怎么换，只要掌握了语文知识体系，强固了语文能力，就不怕上考场，不怕考不好。我们有的语文老师被"不对课本出题"吓怕了、弄懵了，于是从网络上、报刊上博采时文，拿来模拟。实际上，如果没有提高语文素养，无论拿什么材料或多少材料，无论怎样大量训练，都是徒劳的。

师生共有的教材是"必修"和"选修"，每一种都有好几本书，每本书又有十几篇或几十篇文章。从高考选用材料的体裁来看，教材中的那些精品无不是它们的标杆。论述类文本，教材中有的是范文；文学类文本，教材中的小说、散文都是佳作；实用类文本，其中的新闻、传记、报告文学、科普文章多的是；古诗文赏析，课本上更是琳琅满目，俯拾皆是。也就是说，高考语文试卷上的材料，就体裁角度来说，无论是内容还是形式，都没有超出教材。从这个意义上来说，如果以教材中的作品作为高考阅读训练的语言材料，那是绝好的基地。那么，怎样进行运作呢？

对必修教材的教学，强调一个"讲"字，以教师为主。但在讲课中必须附带训练，讲中带练，为练而讲，通过讲练来消化教材，体现教材是高考训练基地的功能。讲练的内容和形式，既针对高考语卷，分块完成，又以单元为单位，选择一篇课文作为重点讲解和赏析范文，该单元的其他篇目，则通过这篇范文产生连带作用，以此推进。这样教学，一个单元无论几篇课文，都可以产生以一带众的效果。如人教版必修1共四个单元，每个单元是三篇课文，就形成"四带十二"的格局。怎样选择这"四"呢？其原则是：内容和形式与高考选用的阅读材料最接近的课文，或者说最适宜作为高考卷面上阅读材料的课文，教师就要作为重点，重点研究、重点备课、重点解读、重点训练，从而产生以点带面的连带意义。也就是说，教师重点讲析并指导训练的课文是四篇，其他课文都是学生主练的材料，但应该在教师的指导下运行。重点讲析的四篇课文可以是：第一单元《沁园春·长沙》，针对高考诗歌赏析题型进行讲练；第二单元《鸿门宴》，针对高考文言文阅读题型讲练；第三单元《小狗包弟》和第四单元《包身工》，针对高考实用类文本阅读题型讲练。余下八篇课文，在教师的指导和提示下，选择四篇，通过出题训练的方式，让学生独立完成；最后四篇完全可以作为课外阅读材料了。

对选修教材的教学，强调一个"练"字，以学生为主。有的地区采用选修教材种类较多，篇目也不少。但不管多少种类和多少篇目，都应该是强化学生训练的极好基地。选修教材的编写，是按照体裁种类成集的，如小说，有中国小说、外国小说、古代小说、当代小说等，高考选用语言材料的依据也是按体裁类别成块的，这二者有意无意地碰撞出了不谋而合的火花。从某种意义上说，必修教材是为"会考"服务的，选修教材应该是为"高考"服务的。会考选用的语言材料大都来自必修教材，为的是测验学生语文学科的掌握情况。而高考是选拔性考试，虽然没有沿用选修教材为语言材料，但是编辑选修教材的初衷，笔者觉得至少是指向高考的。因此，对于选修教材，教师要睿智、大胆地拿来作为高考训练的主要材料，这样才能使选修教材的实用价值得到充分体现。例如，选自外国小说中的《娜塔莎》，我们就可以依据高考小说的设题格局，节选部分文字，拟出四道试题，赋分25分，要求学生课堂训练作答，20分钟左右完成。然后让学生公布答案，教师评讲。这既是在讲课，更是在训练。

标点符号说语师

语文教师一年忙到头，从早累到晚，讲课、备课、批改作业、业务进修，好像很复杂、很烦琐，其实几个标点符号便可以概括无余。

1.走进课堂时，是一个叹号

教师走进课堂，就是开进战场，赶赴考场。这节课讲得怎么样，最有话语权的是学生，他们是考官。学生是否满意，首推因素是教师的课堂教学状态。状态好，那就是一个感叹号。感叹号意味着精神饱满，器宇轩昂；姿势潇洒，风度翩翩；说话响亮，震耳欲聋；表达流畅，一泻而下；抒情浓厚，溢于文辞。这时的教师如一块吸力巨大的磁石，将学生的注意力紧紧地吸附过来，他们会全神贯注，目不转睛。例如，教师在教学《伟大的悲剧》时，一走进课堂，就泼洒出这样一番话语："同学们，地球的最南端是一个无人常住的可怕禁区，酷寒难耐，干燥无比，烈风肆虐。可是人类并没有畏惧它，躲避它，一刻也没有停止过探索和征服它的脚步。要奋斗就会有牺牲，就在南极这个荒无人烟的大地上，长眠了几位英国的探险英雄。今天，就让我们走进历史，走进英雄，一同去感受那伟大的悲剧吧！"这段开场白，一下子激发了同学们听课热情，这时教师的状态就是一个巨大而饱满的叹号。

2.走出课堂时，是一个顿号

随着下课铃声响起，一节语文课就结束了。但是，这个班的课程结束了，另一个班的课程在等着他们，其间只有几分钟的停歇；今天的课程结束了，明天的课程很快就要到来，其间只有十几个或二十几个小时的稍息。下课，只是教师"这个班"课的短暂停顿，所以走出课堂时，对他们来说只是一个间隔时段的过渡，是一个名副其实的顿号。他们还要温习下一节课的讲授，只能在课与课之间小憩片刻，只可在今天与明天之间顿滞一下。他们要走向熟悉的"那个班"教室，要等待明天新课的到来。可见，这个顿号对经年累月、辛勤耕耘的语文教师来说是难得的、可贵的，他们会倍加珍惜。

3. 取得成果时，是一个分号

语文教师与其他学科的教师一样，在工作履历和教学生涯中，自然要取得一个又一个教学或教研成果，其内容是多种多样的，如学生升学大考、学术论文参评、论文发表、晋升职称等，都是教师在平凡的工作岗位上取得的卓越成果。但每取得一个成果时，如果以标点符号来分割的话，只能是一个又一个具有分界意义的分号，而不是句号。因为此时的成果只能代表过去，未来新的成果还有待于我们去继续努力。人生的进取是永无止境的，新的成果还在前头等待着我们用辛勤的汗水和艰辛的劳动去摘取。所以，我们要奋斗、要前进、要丰富人生的成绩册，只有不断努力，只有用最近的"这个"分号为基石、为动力，才能迎接远方"那个"分号成果的到来。

4. 进修业务时，是一个引号

年轻时，学是为了实现崇高理想；中年时，学是为了更好地工作；老年时，学是一种意境，慢慢品味，自乐其中。很显然，语文教师的学是为了更好地胜任教学工作。学习的内容当然是别人的经验，包括看报、读书、研究教案、阅览论文、聆听广播、目击电视等。这些都是别人的成果，当然要用引号，被"我"所学所用，属于"拿来"，意在"取人之长，补己之短"。通过"拿来"，在语文教学的岗位上不断成长自己，丰富自己，完善自己，但切不可行剽窃手段，将别人的成果据为己有，这是文德问题，也是人品问题。

5. 备课思考时，是一个问号

讲好课必须备好课，而备好课必须多问几个为什么。切不可不假思索地全部抄录教参，而是要将教材、教参和教案融汇起来，对照着看，比较着想，挑选着问。教参与教案有哪些不同点，有多少相同处，重点将主题、内容、层次、结构、写法等方面分析的异点拿来自问，在疑问中拿定自己的主意，在思考中获得真知灼见。

学生喜欢的语文教师

　　学生喜欢什么样的语文教师，这个问题似乎很大，很难回答。其实，如果结合我们平时的知识积累和生活阅历，联系自己学生时代聆听语文教师讲课的情形，便不难解答。

1.学生喜欢的语文教师有深切感人的真爱

　　语文教师与其他教师一样，内心要充满对学生深挚的、真诚的、无私的、纯洁的爱，不掺一点水分，不带一点功利，不着一点杂色。学生是自己的教育对象，但这种教育是潜移默化的，是语重心长的，是"润物细无声"的，不是盛气凌人的训斥，不是高高在上的施压，不是死板僵硬的灌输。课堂如家庭，学生就是自己的孩子。有了这种真爱，课堂就是温馨的港湾、温暖的火炉，就是春光明媚、万紫千红的大花园，再难教的学生也会重拾信心，甚至因为语文教师的爱心而影响和改变他们的命运。例如，《再塑生命》中的莎莉文，她是一位家庭语文教师，善良，同情弱者，有爱心，知识丰富，性情温和，对世界充满爱。她的到来，改变了盲童海伦·凯勒烦躁绝望的内心，也改变了她未来的人生之路。她教"洋娃娃"和"水"两个单词的拼写，那么有耐心；她教盲文，不怒不烦，那样细致，给海伦·凯勒总是母亲般的温暖。这样的老师，学生怎么会不喜欢呢？海伦·凯勒对老师是这样评价的："假如给我三天光明，我第一眼想看的就是我亲爱的老师。"魏巍的老师蔡芸芝先生如莎莉文一样，她的读诗、假怒、排解纠纷，给学生的爱是那么温暖，以至暑假的梦中，学生仍然念念不忘地想着老师。这些都是成功的语文老师真爱教育的结果。

2.学生喜欢的语文教师有广博精深的知识

　　在学生的眼里，老师是知识的化身，是超群的智者。作为语文教师，要教好自己的学生，也要有意识地经常充电，教一生，学一生，在教中学习，在学中成长。这并非要语文教师成为大千世界尽收眼底的"万事通"，也不是让语文教师都成为杂家，而是让自己掌握的知识尽可能丰富一些，教学上尽可能完美一些。这样的语文教师定然是桃李满天下，学子遍乾坤。例如，思想家、教育家孔子，可以说是历史上最著名的语文教师，他的知识是如何的丰富，怎样的渊博，且不说他读过哪些书，也不说他写过哪些书，单是他教的学生有多少、培养了哪些历史名人，即令人肃然起敬。在孔子的教学生涯中，他教过的学生"贤人七十，弟子三千"，在这些贤人中，出名的就有颜回、仲由、子贡、言偃、曾点、曾参等。他们都是孔子的得意门生，都留下了很多宝贵的文化遗产。学生是怎样评价老师的呢？颜回的一段话可以概而言之："仰之弥高，钻之弥坚；瞻之在前，忽焉在后。"他们心目中的语文教师永远是一位"仰之弥高"的大圣人。如果老师胸无点墨，教学捉襟见肘，学生当然敬佩不起来。

3. 学生喜欢的语文教师有独具一格的教法

好的教法如涓涓细流，让知识静静地注入学生的心田。讲授一种知识，教法不同，效果也会大相径庭。语文教师是教给学生工具的，更要讲究方法的恰当与精巧。如果没有好的教法，再怎样有爱心、有知识，也是难以实现教好语文的终极目标。莎莉文老师的实物教学法，寿镜吾先生以姿势助读书，蔡芸芝先生的循循善诱等，都是他们教好语文的关键。特别是孔子的语文教学方法，可以概括为四个字："喻"，是通过打比方、举例子、讲故事等方法来讲清知识；"诲"，是直接告诉学生知识；"言"，是交谈，即师生对话；"教"，是做出示范，使人仿效。他的有教无类、学思结合、温故知新、因材施教等方法，为他培养了众多好学生，也为国家培养了许多济世人才。我们现在所用的那些教法，大都是孔子留下的宝贵财富。正如著名词作家乔羽先生对孔子称颂的那样："多少通都大邑，仍在汲取你的智慧。多少穷乡僻壤，仍在温习你的语言。你仍旧是你，你是一位循循善诱的师长。你仍旧是你，永远活在众生之间。"

这就是学生心中喜欢的语文教师。

标题与主题的关系

　　每篇课文都有题目，叫"标题"。标题是文章的眼睛和窗口，通过它可以窥见课文的内容、结构、写法、语言等。每篇课文教学结束以后，往往要总结中心思想，也就是概括文章的"主题"。总结和概括的目的，是将课文的主要意思来一次居高临下的总体认知，让学生获得清晰深刻的印象。归纳主题有没有捷径和技巧，这个问题不难回答，其中之一就是明确标题与主题之间的密切关系，通过标题来获得相应的主题。

　　标题是极其精约的，长则十几个字，如《中英香港政权交接仪式在港隆重举行》16个字；短则一个字，如《窗》《雪》《草》等。而归纳的主题思想常常表现为一段话，如《草》的主题："这篇小说描述了长征过草地的时候，重病在身的周副主席得知红军战士因误食有毒的野菜而中毒的险情，他置个人安危于不顾，不仅仔细辨识毒草，而且亲口咀嚼毒草，果断作出英明决策，引导红军战士正确对待困难，从而成功地塑造了以周副主席为代表的老一辈无产阶级革命家的高大形象。"可见，标题与主题的关系既非常密切，又有明显的差异。如果理清和认识其间的关联，对我们总结和归纳主题是极有助益的。

　　标题直接体现主题，即主题与标题是完全一致、相融相合的。这样的标题是全文内容的高度概括，对作品起着居高临下的统领作用。这种标题往往含有作者的感情色彩，或者传达了作者的思想观点。例如，《白杨礼赞》《秋颂》《始终眷恋着祖国》，这里的"赞""颂""眷恋"等都是作者感情色彩和思想态度的集中体现，也是主题的结晶。

　　标题高度浓缩主题。由事物、现象或形象构成的标题，往往浓缩了作品的主题。这些标题内容是客观存在的，看得见，摸得着，但是它又并非普通的事物、现象或形象，在它的身体里浓缩和承载着丰富的主题内涵。例如，《背影》《草》《枣核》《羚羊木雕》等："背影"是父爱的写照，是作者视角中父亲的形象；"草"是周恩来勇敢坚强的见证；"枣核"是热爱和思念祖国的体现；"羚羊木雕"是同学之间纯真友谊的化身。它们都不是平常物象，而是课文主题的高度浓缩。

标题巧妙暗示主题，是指在课文标题中有主题的影子。这种标题表面简单、平常，但承载的意思却极其丰富，其特点是含蓄、隐晦，内涵深刻，言近旨远，言在此而意在彼，重点在言外。有的还运用了比喻、双关或象征等手法，主题就藏在"影子"后面，就躲在"比喻"里面，就含在"双关"和"象征"之中。例如，《紫藤萝瀑布》《三颗枸杞豆》《祝福》等："紫藤萝瀑布"寓指生命的长河是无止境的，"三颗枸杞豆"蕴含着生命的启示和深远的影响，"祝福"则暗地里讽刺了鲁家的祝福行为，它们都非常含蓄地暗示了课文的主题。

标题渲染烘托主题。渲染烘托是一种写作技巧，在语言上往往有形容词担当，也就是说，通过标题中的形容词来感染读者，也通过它对主题产生烘托意义。我们在总结主题的时候，重点可从标题中的形容词入手，根据它的情感指向，进而总结和认识课文的主题。例如，《巍巍中山陵》《甜甜的泥土》《美丽的西双版纳》等："巍巍"体现了中山陵高大壮观的特点，"甜甜"是主人公对母爱的体味和感受，"美丽"是西双版纳景物的主要特点，它们都是形容词，都对课文主题产生了烘托意义。

标题提供主题范围。范围通常是由时空来决定的，如果在标题中出现了时间或空间方面的词语，实际上它就是给课文的主题提供了表现的范围。例如，《从百草园到三味书屋》《老山界》《在烈日和暴雨下》《夏天的昆虫》《济南的冬天》等："夏天"和"冬天"是时间范围，余者都是空间范围，其主题都离不开标题中出现的时空领域。

可见，标题不仅是文章的眼睛和窗口，也是我们总结和归纳主题的入口和捷径。

课堂教学"任务"之说

听课结束以后，老师自然要聚到一起进行评议，见仁见智，各抒己见，大家常常听到这样的评价，某某老师"基本上完成了教学任务"，或者说"较好地完成了教学任务""圆满地完成了教学任务"。这里结合语文课堂教学实际，就"任务"之说谈谈个人浅见。

1."任务"之说只能是定性结论

语文课堂教学任务，常以"教学目标"形式呈现，教师在备课时就已经确定，如这节课是起始课还是收束课，解读至什么地方，完成哪些教学环节。这些内容只有教师本人心中有数，开课时一般不昭告天下，学生不知道，参与听课教师也不清楚。事后评课时说"基本完成了教学任务"，或者"圆满地完成了教学任务"，都是一种定性说法。定性往往是由定量来决定的，因为它是定性的依据，"坏"在何处，"好"在哪里，"错"在什么地方，"问题"出在哪个方面等，都应该有子丑寅卯，说清道明，才令人信服。如果随意定性，是对被评者不负责任的表现，也是极不公平的行为。

例如，有一位教师在教学《一面》这篇课文时，笔者和其他五位教师随堂听课。这是一节起始课，依照教案，明确的课时任务是完成五个教学环节：作者、人物、解题、导入、第一部分（第1—38自然段）。结果教师只讲到第4自然段就下课了，本该完成的第5—38自然段只能留至下一节课。但评议时有的说他"较好地完成了教学任务"，甚至还有人说他"圆满地完成了教学任务"，不知道这个定性结论从何而来。根据笔者评课经历可知，为了不伤被听课教师的面子，不少评议课都表现出了这样无准头、无依据的状态。

2."任务"之说最好为定量结论

某人针对某项活动完成任务的情形，应该以定量为前提，这就是量化。完成质量的高低和多少，首要依据是完成的比例。如果是百分之百的完成，就是"圆满地完成"；如果完成了百分之七八十，就是"较好地完成"；如果完成了百分之六十，充其量不过是"基本完成""大致完成"。这些用语都是针对人和事量化结果的恰当表述。我们在听课的时候，学生是不会也不可能这样量化他们老师的，但是作为听课教师，是要进行量化的。因为不量化，后来的评课就没有发言权，就不能准确地发表评价意见，于是只能模糊定性而难以精准定量。一个学期下来，一册书24或30课全部教学到位，量化来说就是"完成了教学任务"；如果因为特殊原因而留下了几课没有教完，就不能算是"完成了教学任务"。但是话又说回来，量化是比较容易确定的，一册书上的课文全部过了筛子，也不一定算是"圆满地"完成了教学任务，因为这其中存在许多差异，包括教学质量的高低、学生获得的多少、考试成绩的优劣、学生的满意程度等。

例如，有一位教师在教学《沁园春·雪》时，他的教案上计划两课时完成。第一课时的任务是：解题、背景、作者、上阕。教师在前三个环节用了10分钟，在第四个环节用35分钟，下课的时候正好将上阕的大意归纳完毕。如果量化评价，恰当的表述应该是"圆满地完成了教学任务"。至于这节课教学质量如何，学生收获几何，那就要通过综合评价来确定，如这节课学生个体活动15次，群体活动6次，掌声4次，笑声3次，争论3次，探究2次。这些既是量化，也是质评，说明这节课确实"圆满地完成了教学任务"，定性和定量都是比较准确的。

语文教学要不断清理

清理，是指彻底整理或处理。繁杂的思绪在脑海中充塞着，混乱的琐事在生活中拥挤着，枯黄的落叶在记忆里堆积着，这些都要通过清理才能还一片清纯和宁静。人需要在不断地清理中，将自己整装，轻松前进。我们的语文教学也是这样，也要在不断地清理中净化，在不断地清理中尽善尽美。

1. 清理痕迹

雁过留声，人过留名，这声与名便是痕迹，万事万物皆如是。我们在语文课堂教学中，在知识讲解和某些环节上，往往留下了自我感觉美好的瞬间，这是成功的亮点，是美好的痕迹，但有时候也会留下不恰当、不确切、不完美的地方，这是值得重新认识和纠正的痕迹。对于这些痕迹，下课后都要进行回顾、整理、反思，以便在下节课澄清、更正，这就是清理。因此，我们每教完一节课，都不能认为是大功告成。它虽然已经成为过去，成为历史，但是历史的痕迹还留在自己的记忆中，留在学生的议论里。例如，笔者在教学《三颗枸杞豆》这篇课文时，有的同学问是散文还是小说，当时因为忙于三颗豆与三个"○"的焦点探究，没有及时具体明确回答，因此留下了知识模糊的痕迹。下一节课上，首先引导学生看课文下面的注释①，它选自《小说林》，再认知作者是一位小说家，于是就澄清了文中的"我"并非作者，如《社戏》中的"我"并非鲁迅一样，都是文中的人物，这个三叔是"我"的三叔，而不是作者的三叔，这就将痕迹清理干净了。

2. 清理欠账

在我们的日常生活中，经常会有欠账事情的发生。欠账是要还的，还账就是清理欠账。孔乙己留在粉板上"十九个钱"的欠账，是永远也还不了的；《老王》中的"我"欠了老王的鸡蛋和香油之情，连老王去世"我"都不知道，他的情是无法还了，所以感到永远"愧怍"。作为语文课堂教学，教师对学生不可能没有欠账，但是一定要还账，把账清理掉，使之归零，教学就完美了。例如，教学《窗》这篇课文时，布置作业要求学生续写课文结尾，并说"下节上课时交流"，可是到了下节课，学生正跃跃欲试等待交流时，笔者却因为事忙忘记了，欠账就这样发生了。快下课的时候，突然猛醒，于是赶紧补上了这个环节，欠账也就很快被清理掉了。

3. 清理错账

任何一位教师，在课堂上不可能永远正确，不可能永远不出错，如笔误写错了字，口误读错了音，讲错了话，说错了知识，评错了同学，这都是难免的。教师的错账，要精准地加以清理，使课堂教学尽可能不留后遗症。清理错账要及时，要在短时间内完成，拖久了就变为陈账旧账。一般情况下，上节课出现的错账，只要发现了，就要在下节课清理干净。例如，笔者在教学《故乡》这篇课文时，就欠下了一个不大不小的错账：在讲到闰土这个人物时，这样说道："《从百草园到三味书屋》中的闰土，今天又来到了《故乡》里，闰土现在怎么样了呢？请大家密切关注。"表面看好像这句话没有什么问题，实际上是把散文中的"闰土"与小说中的"闰土"等同起来，都认为是作者儿时的好伙伴。这就是一笔看似简单却极为糊涂的错账，留下了不光彩的痕迹，但是学生并没有发现，就这么糊里糊涂地听着、记着。笔者发现后，就在《故乡》的结束课上，作了自责和更正：《故乡》中的闰土非"百草园"中的闰土，百草园中的闰土是作者的好伙伴，《故乡》中的闰土是文中"我"的好伙伴，而非作者的好伙伴。错账就这样清理了，浑身一下子轻松了许多。

语文清理工作是教师负责担当精神的体现。

做语文答案是一种学问

对于语文教师来说，如果独立做自己命题的考试答案，那确实是一项很细碎、很麻烦、很伤脑筋的工作，也是一件很有规律、很有学问、很有意义的事情。规律和学问何在呢？

1.探究题答案是由要点构成的，做答案时要从不同角度去思考

语文探究题答案的特点是分值高，面广点多，复杂多变，因此难度最大。做这种题型答案的学问在两个方面：一是答案文字形式通常是由要点呈现的，各要点之间基本上表现为并列关系，可用一二三四标明，也可在每个要点末尾用分号或句号标示。二是思维方向通常是运用发散或辐射的方式，换一个角度，就是一个新的思维领域；换一个思考方向，就是又一个崭新的天地，也即我们通常所说的"横看成岭侧成峰，远近高低各不同"。例如，《繁星》的结尾写道："看，那个巨人还在跑呢！"围绕这句话命题是："对于句子中的'跑'字你是怎样认识的？请谈谈你的见解。"这就是一道探究题，答案形成的过程可以是：①写出了船在海上不断摇晃的情形，风大浪急，颠簸厉害；②表现了作者观察时的想象，既然是巨人，跑得自然就挺快的；③运用了拟人方法，生动地表现了仰视星空获得的动态美感。这三个要点，一是写实，二是写虚，三是写法，角度不同，高度概括，互不重复。

2.鉴赏题答案重在分析，做答案时要从不同层面去归纳

语文鉴赏题通常分布在诗歌、散文和小说等文学作品的阅读部分，内容涉及对写景特点的分析、对人物个性的认知、对重点句子的解剖、对标题作用的欣赏、对作品结构意义的分析等。鉴赏的重难点是发现文本最深层的东西。因此，要遵循由浅入深、由表及里、从现象到本质的鉴赏顺序，即先分析语言对象的原本意义，再分析它所蕴含的深层意义，如挖井刨地一样，一层一层向深邃处开拓，这也是符合循序渐进答题规律的。例如，请赏析"会当凌绝顶，一览众山小"这句诗的含义。诗句出自杜甫的《望岳》，鉴赏时，首先要分析这句诗的基本意思，即它的"浅表"意义，获得的答案是："我要登上泰山的最高峰，俯瞰峰下众多的低山和小山，在上面看这些山丘就会显得极为渺小"；然后再赏析它的深刻含义，即深藏在内里的本质意义，获得的答案是："表现了作者不怕困难、勇于进取、敢于攀登高峰、俯视一切的雄心壮志和积极的人生态度"；这样深度有了，广度还不够，于是又扩展开来："揭示了人类活动的普遍规律和永恒哲理"。至此，对这句诗的鉴赏就算完全到位了。

3. 主观题答案重在文字表达，做答案时要由繁到简地去压缩

无论是语文中考还是高考，以文字作为答案形式的比重越来越大，特别是中考语文卷，很少采用客观形式，文字答案就成了答案的主流。答案文字最讲究精练，要精准地表达所问的意思，文字应该越精练越好。为实现这一答题要求，我们在做答案时，要按照由繁到简、由多到少、由详到略的步骤，先草拟答案，文字可以翔实一些、具体一些、啰唆冗长一些，然后逐步压缩，不断"精兵简政"，使文字越来越少，越来越精，至自己感到十分满意时才抄写到答题卷上。例如，分析《阿长与〈山海经〉》中"仁厚黑暗的地母呵，愿在你怀里永安她的魂灵"这句话的含义，可以先草拟答案："这里运用了抒情方式，写出了地母的特点是仁厚的、黑暗的，'愿'是表达作者对地母的祈盼和愿望，希望阿长死后能够得到安宁和幸福，得到地母的关怀和厚待，也说明作者的善良，含有对阿长的感激和祝愿，表达了对阿长深深的怀念之情。"这个答案是比较全面的，涉及作者、阿长和地母三个对象。如果由繁到简压缩，可以变成这样的答案："表达了作者对阿长的感激和怀念，凝聚着对她的全部情思，寄托了对善良人的衷心祝愿，抒发了深深的敬爱之情。"这里文字减少了一大半，不再啰唆重复，总结也很全面。

"学生为主体"的两个标志

语文课程标准指出，学生是学习和发展的主体。这既是给学生在课堂上的角色定位，也是要求教师教学时必须遵从这个基本理念。为什么要这样反复强调呢？因为学生是课堂的主人，教育的终极目标是培养能够在未来社会生存与发展的人。如果在课堂上忽略了学生的这一定位，教师就有可能重蹈传统陈旧、一人包揽的覆辙。可见，学生为主体是为了他们的成长，为了他们的未来，也是为了国家和社会的未来。中学语文课堂教学以学生为主体有两个显著标志。

1.时间标志

一节课45分钟，以教师为主导、学生为主体的时间应该各占多少，这既不好严格量化，精确到多少分多少秒，也不能硬性规定。因为教学的课文内容不同、体裁形式各异、语言特点有别，师生所占的时间就会明显不同。比较深奥的文言文，像《出师表》，教师所占的时间就要长一些；浅显的现代文，特别是要求"略读"的课文，像《荷塘月色》，教师只要恰当地导引一下即可，所占的时间就应该短一些。那么，就一般课文和一般情况来看，教师主导教学通常所用的时间最好在20分钟以内，学生根据教师教学内容而进行的阅读、思考、发言、讨论、练笔等所占的时间应该在25分钟左右。这样做，既能让教师的驾驭功能更好地得到理性发挥，又能让学生的学习积极性和他们的求知热情得到尽情释放。也就是说，用于学生的时间要大于教师所占用的时间。这不是让学生"放任自流"，也不是让教师"解放自己"，而是始终让学生站在课堂的前沿阵地，站在语文海洋的风口浪尖，成为掌握学习主动权、能够独立发挥学习个性的小主人。

例如，有一位教师在教学《济南的冬天》时，根据不精确的统计，他所占用的时间大致是19分钟，学生所用的时间有26分钟。下课之后，学生个个精神抖擞，脸上洋溢着愉悦的表情，说明这样安排时间比例是比较恰当的，学生是满意的。

2. 活动标志

语文课堂开展活动，与其他学科相比则更有优势、更有市场、更为便利。这是因为语文是工具学科，承载了广博的学科内容。因此，语文课的活动应该是比较易于开展的。如果在语文课堂见不到或很少看到语文活动，单这一点就可以断定，这节课的教师是在唱独角戏，学生的"主体"地位受到了挑战和侵犯。也就是说，语文课堂开展活动应该是多多益善的。多到什么程度呢？一是活动的频率大，一节课下来，学生的总活动量至少要在30次左右，每次活动的时间可长可短；二是活动的形式多，不能只是"抢"问"抢"答那么单一，不能只是一哄而起，一哄而散的热闹，仅"读"这一项，就可以有默读、朗读、轮读、接读、范读、听读、群读、诵读等形式，不仅可以全方位地解决语文方面"读"的问题，也会最大限度地激发学生的读书情趣；三是活动的内容多，如果活动仅仅是读书，那就太单调、太枯燥了，要使活动有量有质、有形式有内容，一般情况下，活动涉及的内容越多，活动质量就越高，教学效果就越好。

例如，教学《我的老师》时，就可以开展这样几项内容式活动：回忆形貌，家人或某位老师脸上独有的特征性标记；细节展示，父母惩罚自己时欲打又止的动作描写；读诗要领，选择自己喜欢的一首诗歌在课堂上抑扬顿挫地朗读；讲述故事，小学时老师纠正自己的坐姿或写字动作的情景；练笔写话，记叙梦见老师关爱自己的故事；概括归纳，各用四个字总结本文所写的六件事情；还有查阅字典、勾画圈点等。活动内容多种多样，活动效果显然是不言而喻的。

语文课堂学生为主体的标志还有一些，如学生主动性方面、上讲台方面、角色表演方面等，但它们都应该包括在以上两个标志之内。

每当语文教材修订时

教材总是要经常修订的，语文教材更是这样。随着时代的进步与社会的发展，原教材中有的篇目已经落伍，应该拿掉，而以崭新的时代精品代之，这是很正常的事情。修订以原教材为基础，或小修小补，或大砍大伐。特别是适逢语文课程标准修订时，语文教材自然要抓住机遇，来一番增删活动。每当语文教材修订时，对于课堂教学的语文教师来说，又是怎样的一种情感和期待呢？

1. 每当语文教材修订时，都怀着望眼欲穿的心情

语文教材修订是广大语文教师所迫切盼望的。这是因为，通过一轮三年几本书的教学，必然会发现少数课文不适合作为教学范本，即使大部分课文仍然保留在教材之列，但也应该适当完善，或作者亲自动手，或编委稍加改动。通过修订，希望有更多、更好的精美作品进入神圣的教材殿堂。课堂上的语文教师是不能改动教材的，即使为了教学需要适当增删调换，那也是尝试性、假设式、比较式的，毕竟不是真刀真枪的真改。例如，说明文《松鼠》是初中语文教材的传统篇目，内容简单，形式活泼，篇幅短小，具有文艺说明文所特有的各种优势，非常适合初中生阅读，很受广大学生的喜爱。可是在这篇课文的结尾，却暗藏着杀机，传达了很不和谐的音符。请看：

> 松鼠通常一胎能生三四只。它们的毛是灰褐色的，过了冬就换毛，新换的毛比脱落的毛颜色深些。它们用爪子和牙齿梳理自己的毛，弄得身上光溜溜的，干干净净的，没有什么坏气味。松鼠也是一种有用的小动物。它们的肉可以吃，尾毛可以制成画笔，皮可以制成皮衣。

这个结尾，语言上虽然沿用了正文生动活泼的主流特色，内容上也符合松鼠的客观实际，但是最后一句话却很容易产生误导作用。它从松鼠的"肉"

"毛""皮"等三个方面说明其功用，"肉可以吃"、毛可以"制成画笔"、皮可以"制成皮衣"，都是从人类实用角度说明的。在这个倾向的主导下，就要将松鼠拔毛剥皮抽筋了，松鼠或成了人类的美味佳肴，或成了人们的工具和衣物，成为被宰割或被戕害的对象。可见，这句话与保护野生动物、保护生态自然的时代主题背道而驰，修订教材时应该删去。果然不出所料，人教部编本修订教材时，真的删去了这篇课文。

2.每当语文教材修订时，都怀着诚惶诚恐的心情

诚惶诚恐就是惶恐不安、胆战心惊。修订教材为什么会引发我们产生这种心理呢？因为通过一个或几个轮回的教学实践，我们对教材已经有了深厚的感情，特别是那些精美佳篇，生怕被无端删去；对于教材中传统的经典名篇如《记念刘和珍君》，我们已经了然于胸，甚至视为亲朋好友，情同手足，如果被莫名其妙地删去，岂不可惜？同时，我们还特别担心那些不理想、不好教、有疑惑、有难度的课文仍然留存于教材之中。因为从教材的角度看，这种课文毕竟还有完善的空间。

例如，苏教版九年级上册的《鼎湖山听泉》这篇写景抒情散文，字里行间处处传达了美的意境。再看题目，题眼应该是动词"听"字，正文也应该围绕这个"听"字来取材、组材，着重从声音上来写景。可惜的是，如果结合文章主体来看，写"听"的内容主要是第8自然段，第1和4自然段也有少许声音描写。全文1 600多字，这几段写声音的文字加起来也不过300字，仅占全文字数的五分之一，有的还是林声、风声，而与泉声无关。也就是说，从全文内容来看，它无疑是一篇佳作，写得很美，但是如果就题目与正文关联来看，就存在题难辖文、文难照题的不和谐之处，所以这篇文章难教。每次修订教材时，我们都担心仍然将它原样不动地保留下来，而更希望题目有所更动。

语文刊物是我们的导师

中学语文刊物就是刊载中学语文教育教学相关文章的杂志，其中全国性中文核心期刊主要有《中学语文教学参考》《语文教学通讯》《中学语文教学》《语文学习》等。作为一名中学语文教师，应该至少有一本语文专业刊物常年相伴，成为我们的导师。

1.语文刊物是我们成人的导师

这里的"成人"，主要是指成为名副其实的"语文人"，是指专门从事大中小学语文教育教学、具有语文特质的语文教师。要能够真正成为一名有语文韵味、语文气质、语文修养的语文人，并非一件易事。站上了讲台还只是形式上的语文人，你的语文功底、语文能力、语文素养是否具备了语文人的特点，语文刊物这位导师会告诉我们的。因为这里不仅刊载了许多语文名师的教育教学文章，也有语文教师的成长经历，他们的文章无疑是我们语文发展的导师。例如，《中学语文教学》2016年第4期庄平悌老师的文章《亡羊补牢，未为晚也》中的一段话："在语文教学上，我先天不足：起点低，底子薄，成长慢。一路走来，弯路没少走，苦头没少吃，错事没少做，跟头没少摔。又长期在秦顺山区任教，信息比较闭塞，仿佛井底之蛙。但是，成长的花朵从不以时间的先后论英雄，晚开的花也照样鲜艳，照样清香怡人。古罗马皇帝、哲学家马可·奥勒留在他的《沉思录》中说，支配自己的力量都是隐藏在我们内部的：这是信念、生命的力量。s这正是我在语文教学的路上能够走到今天的原因。"这就是语文人在语文道路上的奋斗历程，如果像庄老师这样努力，成为语文人是指日可待的；如果读了庄老师的这篇文章，你定然会受到语文刊物这位导师的深刻启迪。

2.语文刊物是我们成才的导师

每个语文教师都想成为人才。要成才，勤奋努力是第一要务，但是光靠个人硬着头皮横冲直撞，不一定能够实现成才的愿望，因为你还缺少导师的引路指点。这导师既是指通常意义上的名师，也是指我们手头的语文刊物。当我们处于业务上的为难之时，当我们走到教研的十字路口之时，当我们的论文写不下去之时，就要及时而虔诚地请出语文导师刊物，认真拜读，看别人是怎样写文章的，我的笔触该向何处去。这时，你也许会顿然醒悟，柳暗花明，豁然开朗。例如，《语文教学通讯·B 刊》2017 年第 4 期中刊载了浙江省特级教师肖培东的文章《人生四十始悟语文》，其中一段是："理解了语文教学的本真，遵循语文教学的规律，我的课堂也在悄悄地发生着变化，我的教学视野开阔中有着语文的坚持。教语言，教文本，教学生，教生命，教美好，教真实，简简单单，本本分分，把语文教学还给语文。我不再计较一堂课有多么完美，而是专注于学生在语文学习上有多少得到。依着语文本质而教，课堂上不再追逐繁华喧闹，而是静待花开。"肖老师无疑是我们的榜样，他的成功实践就是我们努力的方向。

3. 语文刊物是我们成名的导师

从某种意义上说，为了中学语文教育教学，为了孩子们的健康成长，作为一名语文教师，想有所建树、有所作为、成名成家，是值得肯定并庆幸的事情。这种思想不是每个人都有的，如果要有的话，切不可少了语文刊物这位导师。《中学语文教学参考》2016 年第 9 期卷首语中有这样一段话：她一往情深地凝望着这个世界，细细感受它的律动，思考它的本质与内涵，然后将其诉诸笔端。那些或雅致或平实的词语，经过她的排列组合，立时俏皮可爱、禅意萦绕、雅俗共赏，读来让人拍案叫绝。这是李宝虹老师对重庆市著名语文特级教师王君的激情颂扬。语文刊物这位导师告诉我们，王君就是我们语文教学的榜样。

青年语文教师入门有四道门槛

青年语文教师要想顺利进入教学之门，至少有四道"门槛"需要迈过去。这四道门槛是：

1. 热爱

热爱就是对语文教育教学充满着满腔热情。有了热爱，你的教学才可能像于漪老师教学那样，恰似春风化雨，渗入学生的心灵深处；有了热爱，你对学生才可能像蔡芸芝先生教学那样，爱生如子，公平公正，让学生永生难忘；有了热爱，你的课堂能成为一泓活水，鱼儿在这里自由游弋，学生在这里茁壮成长，你就会受到学生深深的爱戴。可见，热爱可以让人如醉如痴，可以让人神魂颠倒，可以让人废寝忘食。青年语文教师只有怀揣热爱学生、热爱语文教育教学的深情走上讲台，才会辛勤耕耘于这片神圣的土地，才会魂牵梦绕在这片热土上。有了这样的热爱之情，何愁不能入门入道？试想，如果对语文教学这项艰苦的工作缺乏激情和热爱，而当作负担和累赘，即使人站在讲台，心不在焉，也将很难胜任这项平凡而伟大的语文教育教学工作。

2. 学习

一般地，大学毕业，跨入中学语文青年教师的行列，登上讲台，宣告你的学生阶段已经结束，开始了当老师、教育人的崭新工作，成为学生仰望和崇拜的对象。实际上，你的另一种学习领域和学习生活才刚刚开始。大凡积极进取的老师，都会感到自己的不足，知识不足，经验不足，技艺不足，还不能适应学生对知识的迫切需求，不能如愿以偿地完成既简单又复杂的语文教学工作。怎么办？唯一的出路就是学习。只有不断充实自己，你才能随心所欲地驾驭课堂，才能居高临下地俯视教材，才能胜任中学语文教学的工作。如果你觉得教书从此开始，学习到此为止，视讲台为凌人之地，高高在上，目空一切，然而腹中空空，不思进取，那你就会发现，虽然迈出了大学校门，可是并没有跨进中学语文教学的门槛。如果不虚心学习，不是"而今迈步从头越"，而是永远停留在教学大门之外。

3. 积累

学习的过程是积累的过程，教学的过程也是积累的过程。我们每天的备课学习和教学教研活动，都是积累的良好机缘。积累什么？积累各种语文常识，因为语文是工具学科；积累经验，因为我们刚刚走上讲台，教学经验极为贫乏。积累是细致活儿，必须小心谨慎，认认真真，来不得半点马虎；积累是长期任务，不是一日之功，不可一蹴而就；积累是辛苦的，"千淘万漉虽辛苦，吹尽狂沙始到金"；积累是神奇的，"积土成山，风雨兴焉"。真正积累多了，你就会成为专家型、研究型教师，脱颖而出，深受学生的喜爱。如果只满足于教学现状，满足于已有的经验，满足于课堂45分钟，走出教室，忘了学生，忘了语文，很少积累，久而久之，"刀不磨要生锈，人不学要落后"，就很难跨进语文教学门槛了。

4. 坚持

热爱工作，这是教好语文的前提；勤奋好学，日积月累，这是教好语文的基础和关键。跨过前面的三道门槛之后，还要坚持下来。坚持就是保持原有状态并继续进行下去。坚持要靠毅力，"蜗牛靠着毅力，才能爬到安全的地方"；坚持要有耐心，"耐心是一切聪明才智的基础"。蔡芸芝老师不仅自己坚持勤勤恳恳工作几十年，而且她家三代六位亲人坚持从事教育教学工作，这是坚持的力量。如果遇到困难就打退堂鼓，半途而废，只有几分钟热度，偶尔激动，心血来潮，热情过后则偃旗息鼓，就会回到止步不前的老地方，即使跨入了中学语文教学的门槛，也会遭到淘汰，成为门外汉。

语文教学内容的跨界

语文学科的工具性和人文性，决定了它的教学内容往往需要跨界，不可能是纯语言文字性的教学，不可能是纯文学文化式的内容。什么是"跨界"，就是跨出本行业、本部门、本学科领域。对于中学语文学科的教学来说，跨界教学就是指超出语文特质、适当联系和传达其他学科知识的行为。

1. 跨界就是跨学科教学

这里的跨学科并非要语文教师改行教数理化，而是指在课文里如果涉及其他学科的内容，要转换角度来认识它、解读它、分析它，让学生获得非狭义语文学科方面的边缘知识，以扩大知识领域。渗透在课文里的跨界知识，总是五花八门的，作为课堂主导者的教师，要有一双慧眼，善于发现这种跨界内容，及时捕捉隐藏在字里行间的非语文特质的东西，并将其提取出来进行点化、补充、放大。例如，《安塞腰鼓》这篇课文，是一篇抒情散文，属于四大文学样式范畴，运用了多种修辞方法以及象征手法，突出展现了表演时的磅礴气势和巨大的震撼力量。"安塞腰鼓"为什么有这样大的威力和震撼呢？教师可从艺术角度，进行如下补充：安塞腰鼓是流传在陕西省北部安塞县一带的一种民间广场群体艺术，展现了陕北人民的一腔热血，是陕北民间艺术中独特而具代表性的艺术形式。安塞腰鼓是一种独特的民间大型舞蹈艺术形式，具有2 000多年的历史。安塞腰鼓起源于榆林横山，明代后期，由于灾荒与农民起义，安塞已经人烟稀少，会打腰鼓的横山人由榆林横山迁过来，也把横山的腰鼓带到了安塞。它在长期流传过程中形成了粗犷豪放、剽悍威武、刚劲激昂、气势磅礴、铿锵有力、舞姿优美、流畅飘逸、快收猛放、有张有弛，变化多端等特点。它融舞蹈、武术、体操、打击乐、吹奏乐、民歌为一体，展示了西北黄土高原农民朴素而豪放的性格。学生听了这些关于安塞腰鼓艺术知识的介绍，可以更好地深入理解课文。

2.跨界体现了大语文理念

著名语文特级教师张孝纯先生首提"大语文教育思想",其核心是联系社会生活,着眼整体教育,坚持完整结构,重视训练效率,重在提高学生听、说、读、写、思等方面的语文能力。"大语文"的关键是一个"大"字,是指知识面大、牵涉范围广、跨及领域多,但又必须与语文密切相关,是语文之"大",不是无边无际、无拘无束之"大"。实际上,就是要教师见机行事,适时跨界。教师在备课时,要有意识地多涉猎与课文有关的其他学科知识,尽可能扩大自己的知识领域,以满足大语文教学的需要。例如,《藤野先生》这篇散文,涉及中国女人"裹足"的情节,藤野先生是教授和研究骨学的,问及中国学生鲁迅裹足是怎样一种情形,这是医学严谨的态度,也是对中国底层人民的关心。可鲁迅哪里知道呢?教学推进至此,教师就要讲述这方面的历史知识,以适应"大语文教育思想"的需要。教师可进行如下补充:缠足是中国古代的一种陋习,在女子幼小时即把女子的双脚用布帛缠裹起来,使其变成又小又尖的"三寸金莲"。此后,古人又根据脚的大小再来细分贵贱美丑,以三寸之内者为金莲,以四寸之内者为银莲,以大于四寸者为铁莲。于是言及金莲势必三寸,即所谓"三寸金莲"。后来,金莲也被用来泛指缠足鞋,金莲成了小脚的代名词,这是封建社会的产物。这样,学生对我国古代女人"裹足"情形就有了大致的认识和了解。

3.跨界具有严峻的挑战性

语文内容跨界教学,对教师无疑是一个严峻的挑战。因为语文教师毕竟不是"万事通",不可能什么知识都知道,不可能所有的领域都涉猎。例如,教学《云南的歌会》时,有必要补充一些各民族传统节日,但各个民族节日教师怎么可能都知道呢?这就是挑战。为适应跨界挑战,只有不断学习,不断积累,不断实践。

课文插图是导课佳品

导课，就是在教学中通过一定的方法引导学生进入新课，也称为"开讲""开课"。导课要富有艺术性，把学生的注意力巧妙地引进课堂学习的浓厚氛围，产生良好的学习效果。导课要具有关联性，必须与课文内容密切相关。导课是课堂教学的第一个环节，是教学的开场白，只要能够将学生学习的积极性充分调动起来，都是值得肯定。导课环节的实施者无疑是教师，这是教师为主导的重要体现。导课的内容和形式虽然是丰富多彩的，但笔者以为，课文插图应该首先成为导课佳品。可以这样说，凡是安排了插图的课文，都可以通过插图来导课。

插图导课具有鲜明的直观性。插图相当于以前课堂教学中的挂图，虽然没有实物那样逼真，也不能活动和发声，但是它来得方便，打开课文就能看到，比文字形象得多，直观得多。视图如睹物，看画可入境，其导课价值显然是不言而喻的。

插图导课具有浓厚的趣味性。课文的主要内容是由文字构成的，白纸黑字，通过阅读，才能知道它所表述的内容是什么，通过思考，才能明白它的主要意思有哪些。插图的显著优势，是以图画来呈现文中具体的人事物景，来表现与课文有关的内容，读者在观察中联想，在联想中生趣，在生趣中增加对课文某个方面内容的印象。

插图导课具有明显的便易性。由于插图就在课文里，就在文字旁，但它要比文字更为耀眼，更引人注目。课文有了插图，作为教师等于有了导语资源和对象，不存在为导语发愁而搜肠刮肚，同时插图往往是多种多样的，也就决定了导语的丰富多彩。这就是插图对导语产生的直接意义。

由于课文插图具有如上独特功能，所以说它是导课佳品。课本插图数量众多，因此我们在导课时有很大地选取空间。现以人教部编本有关课文插图为例。

《秋天的怀念》的插图是作者史铁生的画像，导语可以这样设计："同学们，我们先看本文作者画像。他戴着眼镜，双手于胸前自然环抱，满脸笑容，神态自若。看到这幅画像，你会想到他是一位身体高位截瘫的残疾人吗？你会感到他是一位身残志坚的著名作家吗？他虽然身体残疾了，坐在轮椅上，以车代步，可是他并不悲观，并不颓废，他有一种积极乐观的情怀，有一颗坚强不屈的心，始终与疾病顽强的斗争着。他对得起自己，对得起生活，唯一对不起的是他的母亲，于是他以低沉的基调和悲伤的情感，写下了这篇感人至深的回忆母亲的文章。"这个导语从画像到内容，从作者到他的母亲，很快引起了同学们的关注。这则导语可以称之为"作者式导入"或"背景式导入"。

《藤野先生》的插图是藤野先生的正面油画像，只占课文很小空间，稍不在意就会被忽略。导语可以这样设计："同学们，藤野先生是鲁迅在仙台医专的老师，他的长相怎样，翻开课本，仔细观察，你就一清二楚了。请看，他又黑又瘦，八字须，戴着眼镜，没有打领结，穿着一件旧外套。他的外表如此朴实，其为人又是怎样的呢？对在仙台医专唯一的中国学生鲁迅又是怎样的呢？让我们带着这些问题进入课文吧。"这个导语，围绕插图藤野先生的画像展开，也可以称之为"标题式导入"或"人物式导入"。

《我的母亲》的插图有两幅，一幅是人物，一幅是"胡适手迹"。以第一幅插图为导课可以是这样的："同学们，这幅插图中的母亲在给作者说什么呢？可能是在讲故事，也可能是在讲道理吧，作者听得聚精会神、津津有味。但不管说什么，都是母亲与孩子在亲切交流，他们的脸上是平静的，愉悦的。可是如果结合课文查看，字里行间并没有这种内容呀，表明这幅插图反映的内容是发生在此文写作时间之前，它充分说明了文中的一句话？你们能从课文里找到这个句子吗？"我的恩师就是我的慈母，这个导语以插图说事，也可以称之为"背景式导入"或"悬念式导入"。

让学生命题的意义

自古以来，语文课堂都是教师讲学生听，现在学生可以上讲台，当老师了；批阅试卷历来是老师的专利，现在也可以由学生操刀了；命题考试是教师的拿手好戏，现在老师也偶尔将这个权利交给学生，让他们尝尝其中的甜头或滋味。"三人行，必有我师"，作为老师肯定有不如学生的地方，当一回小学生，向自己教育的对象学习也是正常的事情。那么，这种让学生命题意义何在呢？

1.让学生命题是为了迫使他们去阅读和了解大考试题

让学生命题是具有改革意识的教师别出心裁之举。既然能够让学生上台讲课，而且讲得很好，为什么不能让学生也给自己的考试命制试题呢？更主要的是，这样做可以让学生更为具体详细地去认真阅读和认识大考试题，关注和了解大考试题，"知己知彼，百战不殆"。所谓"大考试题"，对于初中来说，主要是指上一年度的中考语文试题，因为只有这样的试题才有阅读和应试意义，才有学习命题的价值。平时教师指导复习，在以上年中考语文试题为镜子时，尽管印证得很详细到位，但是作为学生，总是难以消化。现在让学生来模仿命制这种试题，不去了解它、研究它行吗？让学生命题的初衷，就是源自于此。

完整地命制一套高质量的中考模拟试题，即使对教师来说也不是一件易事，对学生简直是"难于上青天"。因此，要学生命题主要是指导他们分项分块运作，化整为零，语文知识、记叙文阅读、说明文阅读、文言文阅读，一个小组完成一块；语言材料由教师提供，每个座位命题一道，然后由小组长合成。结果，学生的积极性空前高涨，此时他们才真正走进了对中考试题的深阅读。

2.让学生命题是为了迫使他们去阅读和理解所给材料

教师给学生命题的语言材料，除了文言文来自课内，其他材料都取于课外，为的是与中考语言材料不取自课本同步。记叙文部分主要是当代小说、散文精品，说明文部分主要涉及新近面世的科技小品和文艺说明文。对于这些新材料，学生如果要命好题，必须读进去、想进去、深进去，只有在对材料非常熟悉、了然于胸的情况下，才能进入拟题阶段。做题性阅读与命题性阅读是有明显区别的，前者是为了完成答题任务，获得高分，时间紧张，压力较大；后者是为了完成命题任务，获得众人好评，时间稍微宽松一些，压力相对较小。语言材料当堂发放，学生命题现场完成，要求个人命题20分钟，同桌之间认真交流，共同运作；小组长汇总10分钟，将近似试题合并归类；教师讲评15分钟，重点分析命题得失，特别是对那些好的创新题，应该大力称赞。学生命题之始鸦雀无声，然后是小声议论，最后变成大声喧哗。事后他们深有体会地说，通过命题我们才真正知道，只有深入材料，才能读懂材料，只有读懂材料，才能做出准确恰当的答案。

3.让学生命题是为了迫使他们更方便快捷地适应做题

让学生命题确实是一种语文改革尝试，但这只是形式和手段，教师这样做的真正目的，是为了让他们更方便快捷地适应考场做题需要。考场做题时间极短，气氛紧张，怎样适应这种特殊环境的考验，在未进考场之前就要有充分准备，做到战时素质平时练成，平时对接战时目标。通过阅读和了解中考真题、命制模拟试题的两步实践活动，学生就会转换角度思考、体验，获得最真切、最直接、最实用的应试素质，这是让学生命题的主要意义所在。阅读和了解中考真题，是为了明确材料与题项之间的关联，强调对接性；要他们尝试命题，是为了掌握命题过程的奥秘，从中获得别样的复习和应试的真知灼见，强调实践性。可见，要学生命题主要是从学生考试这一实用角度考虑的，并非为了沽名钓誉出"改革"风头。

让学生命题每学期可以进行两三次，针对教学进度和体裁差异，既为文本教学服务，又为考场答题做准备，值得提倡和尝试。

语文教师的幽默

幽默，应该是语文老师的特长。因为语文老师是学文的、讲文的，浑身充满着"文"气，说话带着"文"味。特别是在语文课堂上，虽然不像孔乙己那样说话"之乎者也"引得众人发笑，也不像寿镜吾先生那样读书将头"拗过去，拗过去"引人喜乐，但课堂无疑是语文教师幽默特点释放的殿堂。幽默是一种智慧，也是一种态度，如果语文老师在课堂上讲课幽默、说话诙谐，妙趣横生，不仅学生喜欢听你的课，而且可以提升教学效果。

1. 利用幽默方式传授语文知识

语文知识包括的范围很广，主要是指字词句、语修逻，它们在每篇课文中都有充分而广泛的运用。随课文教学进程来传授语文知识，是语文课程标准向广大语文教师提出的新要求。在初中语文课本里，释词义、辨词性、讲语法、说修辞等都是通过对课文字里行间的及时讲解而落实的，这比干巴巴地单独传授知识效果好得多。特别是运用幽默风趣的方式来传授语文知识，学生的学习兴趣和记忆效果就会更加明显。这是语文教师应具有的教学素质。

例如，"推她呢，不动；叫她呢，也不闻"，这是鲁迅《阿长与〈山海经〉》中的句子，教师在教学时，给它染上幽默的色彩，传达了若干语文知识。问答过程是这样的："这是一个对偶句吗？""不是。""如果要改为对偶呢？""去掉'也'字。""改为排比呢？""加上'打她呢，不醒'行吗？""鲁迅敢打她吗？""不敢，他还是一个不懂事的孩子。""如果把'推'改为'戳'，阿长会醒吗？""会的，因为'戳'是'刺'的意思，是尖端触及，使人有疼痛感。""鲁迅为什么不用手指甲'戳'她呢？""不敢，如果戳破了就变成了伤害。"这里的幽默主要体现在加短句为排比和改"推"为"戳"上。通过这样动态幽默教学，传达了修辞、词语、句式等多种语知，学生对知识的印象就深刻多了。

2.利用幽默方式加深内容理解

课文内容是隐藏在字里行间的，每个句子、每个段落都根据主题需要而传达了与上下文有一定联系的内容。这些内容通过思考分析都会达到明朗化、清晰化的程度。对这种思考分析后的内容认识，通常是理性的。理性的结果需要通过一定的方式才能加强记忆，加深理解。对课文进行分析理解，让学生获得一定的感知印象，是语文教师阅读教学的基本内容。教学的方式不同，产生的效果自然有异，这其中方法很多，幽默就是一种有效途径。

例如，《紫藤萝瀑布》中有这样一句话："每一朵盛开的花就像是一个小小的张满了的帆"，教师在讲到这句话的时候，幽默地说："作者正是有了这张帆，所以她的生命才这样顽强，才在'不由得停住了脚步'之后，又'不觉加快了脚步'，她就是一朵花，一朵顽强的紫藤萝花。同学们也都是一朵花，可我只是一棵狗尾巴草。"学生笑问："哦？此话怎讲？""狗尾巴草倔强而独立，不在意千千万万人的说辞，不卑不亢，坚韧坚守，众芳开尽独自赏，不与桃李混鲜妍。"（响起掌声）教师的幽默，贬中有赏，也衬托了课文作者的顽强精神，令学生兴味盎然。

3.利用教材资源营造幽默的课堂环境

一位幽默的语文教师，他的课堂气氛应该是愉快而浓烈的，学生的学习情绪定然是高涨而饱满的。即使有时候老师对个别学生的不良行为不甚满意而实施了批评，影响了学生情绪，教师也会采用机智而幽默的方式，及时扭转乾坤。

例如，笔者教学《老山界》时，发现有两位同学在窃窃私语，于是老师深情地朗读道："……极远的又是极近的，极洪大的又是极细切的，像春蚕在咀嚼桑叶，像野马在平原上奔驰，像山泉在呜咽，像波涛在澎湃。"停顿一下又说道："这是红军战士在冰雪覆盖的山腰上休息时听到的声音，以动写静。可就在刚才，就在我们的教室里，我也听到了两只春蚕在'咀嚼桑叶'呢。"两位交头接耳的同学脸一下子红到耳根，随后他们站起来，似乎在说："这两只春蚕就是我们。"课堂掌声四起，笑声不断，听课情绪很快恢复到理想的境界。可见，语文教师的幽默是多么的重要。

给语文待进生的关怀

语文待进生就是指语文成绩弱，每次考试都落在别人后面，自己也尝试努力过，可就是收效甚微的学生。要提高他们的语文成绩，需要语文教师给他们以满腔热情的关怀。

1. 行为关怀

哲学家认为，行为就是人们日常生活中所表现的一切活动。语文教师给语文待进生的行为关怀，主要是指语文教师要与语文待进生经常接触，与他们多亲近、多来往，有意无意地走到一起。语文教师应该时常出现在语文待进生面前。如课堂作业时，语文教师和颜悦色地走过去望望；集体劳动时，语文教师同他们一道聊聊；操场比赛时，语文教师就站在他们身边振臂高呼"加油"。这就使那些语文待进生感到，语文教师与自己的距离越来越近，关系越来越密切；使他们感到，语文教师非常容易接近，甚至经常觉得有阵阵语文暖风从语文老师身上吹过来；使他们感到，自己虽然语文成绩差，但是语文教师并没有嫌弃我、厌烦我。在语文教师潜移默化的影响下，语文待进生对语文的感情也在发生着微妙的变化，这变化很可能就是他们由语文待进生变成语文强手的开始。

2. 语言关怀

语言关怀是由口头表达和书面语言共同完成的，要比行为关怀来得自然些、亲切些和直接些，关怀的机会也要广泛些、充分些和巧妙些，从而与语文待进生形成语言交流和感情沟通。课堂上，教师经常请那些语文待进生回答问题，内容相对简单，难度适中，不是让他们答非所问出尽洋相，而是让他们答得出来建树信心；作文批阅时，见到语文待进生写得精彩的片段或稍微有些亮点的词句，老师激情满腔地批阅"写得好，你的观察很仔细呀"，或者"你真聪明，太有见地了"，或者"原来你还有这种奇思妙想啊，好！"最后每当作文评讲时，老师都关注着他们的表情，发现他们听得那么认真，那么专心。老师趁热打铁，再请他们把自己写的和老师评的读给全班同学听听，他们受到的鼓舞和鞭策就会愈加强烈。语言关怀不必那么大张旗鼓、郑重其事，讲究的是随机性、偶然性与和谐性。如果把那些待进生特意找来谈话，即使语重心长，循循善诱，也不会产生好的效果，因为教师这样做必然会引起他人的注意，对语文待进生明显产生了压力。这是策略问题，也是语言关怀的效果问题。

3. 兴趣关怀

著名科学家杨振宁说过，"成功的秘诀在于兴趣"。杨振宁之所以成为举世闻名的物理学家，是因为他从小对物理学科就有着浓厚的兴趣。科学家的经历和经验告诉我们，要想学好语文，必须对语文具有浓厚的兴趣。兴趣不是先天就有的，是靠后天培养的。语文待进生之所以语文成绩差，就是因为他们对语文学习不感兴趣，凡是感兴趣的学科，其成绩必然非常优秀。怎样给他们以兴趣关怀呢？很简单，让他们爱上语文。让语文待进生爱上语文，这是多么艰难的事，不难！让他们经常参加语文比赛活动，让他们经常有表情地朗读课文，让他们经常吃语文小灶、加语文小餐、唱语文小调，久而久之他们的语文学习兴趣、热爱语文的情感，就会慢慢建立起来。

语文教师给语文待进生的关怀具有综合性和长期性，不是单靠某种单一的手段就立马能够如愿以偿的，也不是一朝一夕就能马到成功的，语文教师一定要有耐心和韧劲。如果将这些语文待进生的语文成绩都提升起来，对那些语文成绩中等和语文优等生，无疑也是一个不小的促进，以后进促先进，其意义是极其显著的。

渐渐消失的语文教学精品

所谓"精品"，是指物质中最纯粹的部分。语文教学精品可包括课本、多媒体、讲桌、黑板、粉笔字、板书设计等一切服务于语文课堂教学的工具和手段。随着社会的发展、时代的进步和科技的日新月异，有的教学精品渐渐失去了昔日的光彩，这难免让执教者产生隐痛和念情。这些渐渐消失的教学精品主要有：

1. 肃静的长形黑板

黑板是世间最美丽的一幅画，它画出了人民教师的辛勤耕耘和无私奉献。黑板是一把神奇的万能钥匙，为学生开启了多少知识宝库。这就是黑板的历史价值和它的丰功伟绩。课堂上，如果没有黑板，学生就失去了学习的领地，教师就失去了耕耘的田园。黑板是教室的标志，没有了黑板，教室就是没有生气和特殊功能的房子。真正用于教学的黑板不过两百多年历史。它见证了世界教育事业的一步步发展，为人类传播知识、普及教育立下了汗马功劳。现在的黑板种类虽然变得复杂多样起来，但用于课堂教学的黑板变化不大，长方形，油光发亮，挂在或镶嵌于教室两头的墙壁上，供师生特别是教师传授知识之用。可不知从什么时候开始，黑板的作用和地位渐渐发生了微妙的变化，教师上课时，黑板被白幕遮挡起来，那就是所谓的多媒体屏幕，黑板只露出那么一点方寸之地，成了尴尬的"二皮脸"。教师的耕耘换了一个陌生的地方，换了一种全新的手段。当然，在它的上面无须写字，字是通过光线直接而自动地投射上去的，五颜六色，光彩夺目，比土里土气、黑不溜秋的黑板亮丽多了、光鲜多了。下里巴人一下子变成阳春白雪，这是多么可喜的事情呀，可惜传统黑板已渐渐消失。

2. 漂亮的粉笔书写

教师走进课堂写的第一个字就是粉笔字，它是教师教学基本功的形象表现，是向学生传达知识的重要手段。粉笔没有美丽的外表可以炫耀，也没有惊人的事迹可以吹嘘，它唯一的作用就是在黑板上写写画画，将知识无私而及时地奉献给孩子们。粉笔的一生虽然短暂，但很有意义，黑板上一行行清秀的粉笔字，正是它粉身碎骨的结果。它与教师融为一体，成为课堂上最可爱的人。很多语文教师受到学生的尊重和敬仰，就是因为那一手刚劲有力、流利漂亮的粉笔字。可是最近几年来，用粉笔的人微乎其微，黑板上的粉笔字少之又少。一节课下来，黑板上仍然是漆黑一片，空空如也。这是为什么呢？因为多媒体来了，拿粉笔的手改成了握鼠标；因为黑板被遮盖起来了，粉笔失去了用武之地。除非在大赛时要求必须写粉笔字，它才可怜巴巴地"偶尔露峥嵘"。笔者在一次学校开放日听课中，见到一位粉笔字写得很美的老师，可是在这节课上，他却一个粉笔字也没有写，全用多媒体展示。可以想象，不久的将来，粉笔和粉笔字这种精品就要彻底与语文课堂再见了。

3. 精美的板书设计

板书特别是语文课堂板书设计，是不少语文教师最擅长的教学技能，有的老师在其他教学环节上没有什么特色，在板书设计上却有惊人之举，于是板书设计就渐渐演变为一种艺术。苏联著名教育家加里宁说过，"教育事业不仅是科学事业，而且是艺术事业"。成功的语文课堂教学应该是高度科学性和精湛艺术性有机结合的产物。想当初，全国语文板书学研究中心在王松泉先生的组建和领导下应运而生，如火如荼，形成了一股强劲的板书热风。可是现在呢？由于黑板被遮盖，多媒体替代了粉笔字，所以板书设计也就摇身一变，成了五颜六色的课件，而不是用粉笔写在黑板上的纲目清晰、精美绝伦的传统意义上的板书设计。

这些教学精品渐渐消失确是事实，是好是坏，留于世人评说。但笔者以为，精品就是精品，永远不会过时的，应该返璞归真。

做一个有韧性的语文教师

韧性，就是具有顽强持久的精神和坚忍不拔的意志。要想做好语文教学本职工作，实现自己的梦想，必须要有韧性。作为一名普通的语文教师，要想实现自己的追求，首先要明确努力的方向。在语文教学教研上，要想有所建树，有所突破和创新，必须要有坚持精神，不怕失败，不怕挫折，积极进取，奋力前行。

1. 牛犊亦知韶光贵，不待扬鞭自奋蹄

中学语文学科历来被视为各学科的龙头，主要因为它是"国语"，是我们民族的语言。每次中高考，它都排在首场。作为一名初次登台、初出茅庐的青年语文教师，存在缺资料、缺经验、缺能力等诸多困难。课堂上不能任意发挥，时而捉襟见肘；学生的问题古里古怪，勉强自圆其说。怎么办？不能总是这样勉强糊弄下去。好胜心加上不甘心，会让你深深懂得，教学教研是自己的事，自身之痒自己抓，"不待扬鞭自奋蹄"，要主动出击，多多积累，尽快强大起来。

对于初入教坛的青年语文教师来说，最重要的是梳理教材，就是多方面地积累教材中的精华。主要方法有：①理结构，把课文内容和形式浓缩为结构图示，也可以冠其为结构提纲；②捋内容，把初高中几百篇课文的内容，全部变成问答填空样式，单课的，单元的，内容的，形式的，整体的，局部的，形成系列；③抓语段，把重点课文中的重难点语段提取出来，设计训练题，题型多种多样，与中高考接轨；④列表解，将初高中所有课文，以单元为单位，各设计一份综合比较表，纵横交织，一目了然。通过这样多轮梳理，积累大量资料，拓展教学之源，必然会为教研之春的到来开辟出一片灿烂的前景。

2. 咬定青山不放松，立根就在写作中

"不想当元帅的士兵不是好士兵"，换言之，"不想当名师的教师也不是好教师"。但光"想"不行，还要付诸行动，"一步实际行动胜过一打纲领"。名师意味着名望高，在某个学科领域公认的有重大贡献和深远影响的教师。要想做这样的名师，必须要有成果、有建树、有业绩。先要拟定计划，然后开始动笔，写教学心得，写教研感悟，写教学反思，积极向名家学习靠拢，选定目标不松懈。"心想事成"是一句常用的美好贺词，可世界上"不如意事常八九"。开始写作自然如学步，总难走稳，稿子一篇篇发出去，可能又一篇篇退回来。经过长期坚持和不懈努力，此后的写作活动，将会明显登上一个崭新的台阶。于是预想的情景出现了：一篇篇教研文章，见诸报刊；一封封读者来信，催人奋进；一份份样报样刊的降临，如喜鹊登梅；一张张稿费单送达，那是最高的奖赏，这是韧性的成功。"人都是在别人荒废的时间里崭露头角的"，这是福特的箴言，是对韧性的注脚，也是对咬定青山者的褒奖和盛赞。

谈语文老师之"文"

语文老师与其他学科老师不同，其岗位特点告诉我们，必须注重和强调一个"文"字。"文"的内涵和外延非常丰富，概而言之，语文老师之"文"应具备如下三个基本素质。

1. 文字

这里的"文字"指的是要能够写得一笔好字。首先须写得一手流利的粉笔字，这是课堂教学的需要。当教师拿起粉笔在黑板上写出第一个汉字的时候，学生的眼睛会始终盯着它。如果字写得雄健洒脱，刚劲有力，笔下生辉，学生就会肃然起敬；如果字写得不好，甚至不如学生，就会被学生看低。可见，粉笔字是语文老师课堂教学的门面。其次须写得一手漂亮的钢笔字，这是备课笔记书写的需要。教师手写的教案，如果似行云流水，字字珠玉，当同行交流时，当职称评定时，就会赏心悦目，心悦诚服，佩服有加；反之，如果备课笔记上所写的文字信笔涂鸦，潦草不堪，他们就会摇头叹惋，阅览的情绪往往一下子跌入谷底。在新时代和高科技的大背景下，多媒体取代了粉笔字，网上下载取代了备课书写的钢笔字，虽然无形中削弱甚至取代了语文教师展示汉字书写的机会，但书写汉字毕竟是一种能力，一种技艺，一种本领，对于语文老师来说，尤为重要。

2. 文化

文化的概念非常广泛，大千世界无所不包，给它下一个严格和精准的定义是一件非常困难的事情。对语文教师的要求，就是要拥有丰富广博的文化知识。这就要求我们广大语文教师，要围绕语文和课堂教学这一中心，不断给自己充电、加压，随时留心各种文化知识和现象，刻苦钻研，锲而不舍，注意积累，持之以恒。当自己的文化知识丰富到一定程度的时候，水满自溢，到了课堂上，就会得心应手，游刃有余。这是一位高水平语文教师所孜孜以求的理想境界。

3.文学

文学的定义要比文化的概念狭窄得多，涵盖的范围当然也小得多。无论从教师自身知识积淀，还是为了课堂教学，语文教师都要具备醇厚的文学修养和浓烈的文学爱好。很多著名的作家，如鲁迅、朱自清、叶圣陶、曹文轩、李玉伦、温新阶、张丽钧、康震、郦波等，他们都曾经是中学或大学语文老师，有的现在仍然在职在岗，他们的文学修养自不必说。这里不是要求语文教师人人都要去写小说、诗歌、散文、剧本，都去当作家，而是说作为一位有品位的语文老师，应该向作家学习。著名作家王蒙就曾经向大众发出这样的倡议，要做一个有文学修养的人。他认为文学对人正面的、潜移默化的影响与作用是非常巨大的。我们要通过文学作品的主动阅读，来修身养性，滋养情操，吸纳文学对自己的心灵触动，陶冶心境，洗涤心灵，铸就坚定，培养爱心。教师有了丰厚的文学修养，课堂教学也会充满文学色彩。

教学内容要"有血有肉"

义务教育语文科教书的总主编温儒敏指出:"价值观的体现注意整体规划,有机渗透,化为语文的'血肉'。这套教材处处都注意立德树人,却又避免做表面文章,努力做到润物无声,不那么'说教'。"这就明确告诉我们,语文教材的编写讲究"有机渗透",教学要做到有"有血有肉""润物无声"。这样编者、教者和学者才能有机结合,殊途同归。

"有血有肉"通常是比喻富有生命的活力和内容,多用来形容文艺作品中人物形象生动。而语文课堂教学中,则是指教师讲授的内容具体实在,有实际东西,有温度,有感情,有形象,看得见,摸得着,感觉得到,而不是干巴巴的几条筋、干瘪瘪的几包壳、枯燥无味的概念性的空洞的"说教",要做到言之有物,有的放矢,语言有味,针对性强。

语文教师要使自己的课堂教学"血肉"丰满,时时处处充满具体实在的东西,就要在如下两个方面下工夫:

教师表达的语言要像蘸着春天的雨水,不声不响地渗入学生的心田。这主要是针对课文内容的教学。这是怎样的一种语言表达呢?就是教师的课堂教学用语始终是具体的、生动的、形象的、实在的,透着字词气息、生活意味和物性清香。学生听了这样的表达,如在园林里行走,在池塘边漫步,在村落旁采风。没有大段的"说教"式的语文教育,杜绝那些概括的纲领式的空谈理论。让学生在语文春雨中接受真情和哲理的滋养,在阳光下感受语文智慧的魅力。

例如,在教学《台阶》这篇小说时,有一位老师在收束时说了这样一段话:父亲的故事是无声的,也是漫长的。父亲用自己的行动教育了"我",告诉我们什么是人生,什么是生活,应该怎样坚忍不拔,艰苦创业。父亲的一生是平凡的,平凡得没有人知道他姓甚名谁;父亲的一生是清贫的,清贫得没有人羡慕他的"业绩";父亲的一生是艰苦的,艰苦得没有人超越他。在人们的印象中，父亲永远是那么清贫和顽强。

这个结束语好像很有激情，很能感染人、教育人，而实际上是一厢情愿的自我感觉，所说内容虽然都与课文密切相关，但都非常概括空洞，丝毫没有具体实在的内容，给学生的印象始终如在云中雾里。如果像下面这样总结，效果就会大不相同：父亲的故事结束了，是以他的"腰闪了"结束的，是以他的"老了"结束的。他不能再去深山老林里"砍柴"了，不能再去"大溪滩上捡屋基卵石"了，不能再穿着他农闲时亲自"编"织的"草鞋"了，象征着他"地位高"的"九级台阶"垒成了。这就是父亲的一生，是一块随处可见的磨得溜光的"鹅卵石"般的一生。

这样总结，虽然总体意思与上面那个总结差不多，但是句句有内容，处处有课文的关键词语，给学生的全是雨露般的潜移默化的具体生动的语文教育。

教师传授的知识要像透着夏日的阳光，通明锃亮地映射学生的脑际。这主要是针对课文中的语知教学。由于课标对的教学要求是随文学习，不得系统、集中教学。这就要求我们，在讲到关键地方传授某种重点语知的时候，要将它提取出来，反复打磨，多角度认知，从而深深地印在学生的脑海里。例如，《阿长与〈山海经〉》中有这么一句话："推她呢，不动；叫她呢，也不闻。"教学时的提问有：这句话是对偶吗？怎么改成对偶？分号之间是什么关系？将分号前后内容对调行不行？两个"呢"是什么词性？"闻"的意思是什么？如果再加一句变成排比怎么加？这样的句子具有哪些特点？写出了阿长什么特点？写出了"我"的什么特点？这十个问题前八个是语知，后两个是内容，具体实在，有血有肉，学生获得的语知就非常丰富了。

教学中的留"干货"

　　义务教育语文教科书的总主编温儒敏曾经指出，有的语文教师"一堂课下来，没有留下什么'干货'""一线老师使用这套教材有'干货'可以把握，最好能做到一课一得"。这两句话表达了两层意思，一是指出中学语文教学中存在着的弊端，二是提出如何改进的总体要求。那么什么是"干货"呢？

　　温儒敏先生所讲的"干货"，不是指生活上的物品，而是指语文教学中传授给学生的实用性很强的知识或方法，不是夸夸其谈、华而不实的说教。这样教学，教师留给学生的"干货"就多，学生获得的知识就多，课堂教学效益就高。

　　"干货"是实实在在的东西，是浓缩的精华，是语文教学中的精品。不但现在可用，更待将来有用，这就是要教方法给学生，教技巧给学生，教他们路子，教他们途径，让他们掌握永远有用的东西，使他们终身受用。那么，怎样在每节里留给学生更多的"干货"呢？

1.通过教学打磨过程，将知识"风干"，变成"干货"

　　知识散落在课文里如淹没在汪洋大海里一样，只有通过师生频繁活动，共同打造，才能让知识凝结成干燥而毫无水分的"干货"。因此，要根据所教知识特点，从不同角度不厌其烦地进行认知、分析、理解。例如，在教学《白杨礼赞》时，针对课文运用的象征手法进行打造，使之成为学生知识中的"干货"。打造时不去解释定义，不去归纳特点，而是从象征在课文中的具体运用和表现来认知，其过程和方面有：象征落实在什么具体的对象上（白杨树），怎样呈现象征的全过程（人、北方农民、抗日军民、中华民族的精神和意志），象征与拟人修辞必然联姻（力争上游、紧紧靠拢、倔强挺立、不折不挠），象征与抒情表达方式密切相关（赞美、树中的伟丈夫、高声赞美），象征与体裁紧密结合（抒情散文）。这实际上是通过文本具体内容来总结象征的特点和规律，再与高尔基《海燕》中的象征联系起来。这样打造的"象征"完全可以成为学生"一课一得"的"干货"。

2. 通过传授具体实在的方法，直接教给学生"干货"

爱因斯坦说过，"想象力比知识更重要，因为知识是有限的，而想象力概括着世界的一切"。"想象"就是一种方法，就是"干货"。因此，方法比知识更重要，因为知识是零散的，而方法可以解决更多的知识问题。从小学到初中，我们遇到的词语成千上万，可是不少同学由于没有掌握解词方法这种"干货"，导致没有形成解词能力。教学《从百草园到三味书屋》时，先将十种解词方法展示给学生，要求他们先阅读注释内容，后逐一落实所用的解词方法。如以"拆分法"注释的就有：桑椹、长吟、轻捷、鉴赏、觅食、渊博、消释。可见，这种解词方法也可叫"一分为二法"，或者叫"成倍增长法"。当然解词方法不下十多种，以此"干货"为例，即可窥豹见斑也。

第二篇

语海泛舟·方法

方法是办法,是门径,有了办法语文教学就有法可依,有了门径语文学习就有章可循。方法是技术,是技巧,有了技巧语文教学中就能够得心应手,有了技术语文学习时就会驾轻就熟。方法是法则,是规律,有了法则教学就有了方向,有了规律就不怕教材千变万化。

方法是解决问题的手段,有了恰当的方法,就不愁教不好语文,不愁学不好语文,不愁在语文教学和教研上没有建树。方法随处可见,关键是靠我们发现,靠我们总结,靠我们研究,靠我们思考。只要我们做这方面的有心人,在语海泛舟,各种各样的语文教学教研方法就会堆山积海,洋洋大观。

怎样确定探究之"点"

　　探究，就是探索、寻求、追究，是语文课程标准中最显著、最令人关注的主题词。探究虽然不是语文学科独有的专利，但语文课堂如果没有探究的内容和环节，这堂课定然缺少深度和广度，寡淡乏味，黯然失色。

　　高中语文必修教材已经由原来的五本改为现在的两本。初中语文现已统一使用部编本教材，单元课文的数量都是固定的，承载的内容也是有限的。如果要结合课文实际，纵横探究起来，运用多维、多棱、多彩的眼光来阅读、思考，则又是不固定的，一叶一世界，一文一乾坤，"一千个读者有一千个哈姆雷特"，这都是"探究"所致。义务教育语文课程标准中明确指出，要培养学生主动探究、团结合作、勇于创新精神，实际上就是让学生将教材内容膨胀放大，师生共同配合，共同参与对教材的探究，从而发现新问题，步入新境界，获得新知识，享受新成果。探究的特点就是"多问几个为什么"，探究的角度主要有纵向开掘，横向拓展，正向妙思，逆向求异，多向联想等。就某篇课文来说，可以探究的内容和方面总是无穷无尽的，我们不可能将课文中所有的问题都探究尽，实际操作时就要选择那些值得探究，应该探究之点。怎样确定这样的探究之"点"呢？

　　探究应是内容的重难点。内容的重难点往往事关作品的主旨，是教学的重点。教师对于课文重难点的处理，不能只是自己知道、让学生也知道这么简单，还要打磨它们，使重点熠熠生辉，难点灼灼发光。解决了重点，就解决了主旨问题；解决了难点，就解决了疑惑问题。"打磨"的最好方式就是"探究"。作品的重难点可以是从课文中提取归纳出来的问题。如《台阶》中的父亲造好了配有九级台阶的新房子之后，为什么一下子就老了？这是问题，实际上也是小说中的句子。文章结尾写道："怎么了呢，父亲老了。"探究时，可以接着这个问句的答案"父亲老了"继续追问："为什么突然老了呢？"引发学生从父亲的身体角度和精神层面去探究，形成比较一致的看法：父亲为了建造这个配有九级台阶的新房子，不但失去了健康的身体，同时也失去了奋斗的目标；身体的老朽固然已经可悲，追求的丧失更让人迷惘。正如作者阐释创作动机时所言："关于小说的结尾，当初我的确没有把它当作悲剧来处理。在中国乡村，一个父亲的使命也就那么多，或造一间屋，或为子女成家立业，然后他就迅速地衰老，并且再也不被人关注，我只是为他们的最终命运而惋惜，这几乎是乡村农民最为真实的一个结尾。"探究到了这样的深度和广度，教学效果也就不言而喻了。

探究应是形式的凝聚点。任何课文都是由内容和形式构成的，探究了内容的重难点之后，就教学本身来说，还只是完成了探究的一半。对于作者所采用的写法即形式，也应该是我们探究的主要方面。因为通过对形式的探究，可以明确作品的写法，以及之所以感染人、吸引人的关键所在。但是对形式的概括如构思巧妙、对比纷呈等，往往是通过分析和总结归纳之后才能获得，如果在讲解"写作特点"环节时再来探究，意义定然会大打折扣。实际上，形式在作品里往往是有凝聚点的，如果抓住这个"点"来综合探究，要比在讲课结束时分析写法科学得多，高明得多。这种"凝聚点"一般体现在某一两个词句上，如《皇帝的新装》就体现在题目"新"字上。通过探究获得了这样几个不同的"新"意：织布状态"新"，没有任何机器和材料，构思精巧；骗子动作"新"，手舞足蹈，滑稽可笑，夸张奇特；群臣语言"新"，频繁肉麻的"赞美"，前后照应，反复强调；皇帝表现"新"，光着身子游行，动作可笑，嘲讽有力。这样作品的诸多形式，如构思、结构、语言、修辞等就都探究到了。

分类教学是万能钥匙

分类教学是所有教师常用的方法，但是大都没有上升到理论层面，没有冠之以应有的名分和独立的位置。语文学科运用这种教法更具优势，因为语文学科既是语言文字规范的实用工具，又是用来积累和开启精神财富的一门学问，是学好各门功课的基础和前提。分类是"七仙女"手中那把神奇梳子，再复杂纷繁的问题、再难以认识的事物，通过它都可以梳理得一清二楚，眉目分明。分类教学是一把万能钥匙，任何课文、任何知识、任何内容，都可以通过它来获得圆满而顺利的解决。

中学语文教学是一项复杂多变的系统工程，教师是工程师，是施工员。如何科学有效甚至高效地教好这门课程，不少教师处于胸中无数、手中无方的混沌状态，特别是教学新手，更觉得无从下手。拿起分类教学这把万能钥匙，它会让你在教学中豁然开朗。

无论何种体裁的课文，都可以运用分类教学这把万能钥匙。既然是"万能"的，也就无所谓体裁之别、内容之分了，但是明确体裁种类又是采用何种教法的前提。针对某篇课文，首先要知道它属于何种体裁，是记叙文、说明文还是议论文，是小说、散文、戏剧还是诗歌，体裁不同，承载的知识、内容、结构、语言自然不同，分类的标准就不能一样。体裁确定之后，应该明确让学生掌握哪些知识，分为哪些类别进行教学，先教什么，后教什么，再教什么，教学顺序的先后要符合循序渐进的认知规律。教参的编写也是分类完成的，但它的分类与教学分类标准不同，与课堂实际教学大相径庭。我们不能照搬教参，也不能按照教案人云亦云，必须按照体裁类别规律来分类教学。例如，《拿来主义》这篇课文，首先确定它的体裁是杂文是"议论文"，是三种最基本文体之一。议论文的构成三要素是论点、论据和论证，对于这篇议论文，就应该按照这三个要素分三类来教学。其次确定教学顺序，按照由易到难的顺序，先让学生寻找"论据"，因为论据在文中的呈现是最为具体的，相对简易，如大草原中寻花，清水塘里观鱼；在此基础上再落实"论点"，本文的题目是论点：拿来主义；最后明确"论证"方法举例论证、引用证法、对比论证等。这样分类有条有理，轻松明晰。

无论课文篇幅有多长，都可以运用分类教学这把万能钥匙。编入中学语文课本中的作品，篇幅长短的差异很大，有的几百字，如《散步》《谈读书》等；有的近万字，如《祝福》。不少教师觉得，课文越长越难教；不少学生也认为，课文越长越难学。这是片面的认识，是一种东西越大越难对付的儿童视物眼光。实际上，对于某篇课文来说，无论几百字、几千字还是几万字，一旦确定了标准，再运用分类教学这把万能钥匙，就能打开任何课文教学之锁。如小说，几百字的小小说构成的三要素是人物、情节和环境，几万字甚至几十万字的长篇小说也是这三要素，绝不会因为篇幅长而多出几个要素来的。这就是分类教学的万能性。例如，教学《阿Q正传》这篇课文，有相当一部分教师觉得它太长了，不好教。这有何难，分类实施，即可化难为易。首先确定它的体裁是"小说"，其次明确它的情节、人物和环境等三要素，最后确定教学顺序先后：梳理情节一课时，因为情节是故事推进的过程，相对浅易一些；分析人物形象一课时，通过情节整理，人物特点已经逐渐显现出来；明确环境特点及其变化一课时，环境散落于字里行间，须将自然环境和社会环境合起来分析，难度相对较大。这样几万字的小说，三四节课即可完成，从容不迫，不慌不忙，先后有致。这就是分类教学这把万能钥匙的功劳，充分显示了少教多学、长文短教的显著优势，大大降低了教学难度，特别是对教学新手，具有便于登堂入室的积极意义。

让学生在课文哲理中熏陶

　　无论是文学作品，还是通常意义上的记叙文，从基本内容来看，无非蕴涵着情和理两个方面。无论是教师的教读，还是学生的自读，从关注度来看，重"情"者诸多，受"理"者极少，甚至从来也没有人探问过某篇文章传达了怎样的哲理，某首诗词告诉了我们什么道理。这就给语文教学留下了不小的空间和缺憾。殊不知，无论何种作品，情总是建立在"理"的基础之上的。理是土壤，情是禾苗，如果没有土壤，情就无处落脚；如果土壤不肥沃厚实，禾苗就难以生根开花。所以，我们在课堂教学时，不仅要明确作品之"情"，更要进入深层，挖掘蕴含之"理"。这样可以让学生在情中感染感化，享受情的滋润；在理中受教受益，接受理的熏陶，情理兼收，双学双赢。

1. 哲理要靠体味和感悟

　　在所有的记叙性作品里，蕴含这样或那样的哲理，它们不会像议论文中心论点那样明畅，也不会浮在作品的表面，而是隐藏在课文的字里行间，隐藏在某些思想感情的角角落落，隐藏在曲折情节的枝枝叶叶里，这就要通过我们的体味和感悟来发现。如果教师还没有主导过这种由情到理的教学案例，就要及时调整。这样做虽然有一定的难度，可一旦形成了自己的教学风格，培养了良好的教学习惯，就可以成自然了。如果我们的学生还不适应接受这种"理"的内容，感到有些陌生甚至茫然，就要在教师的引导和启发下，逐渐适应由情到理、由浅入深的教学程序。体味和感悟是发现哲理的前提。因此，学生要跟着作者的行文思路，跟着老师的教学流程，去积极睿智地领会作品的深刻哲理，去感受作者在课文名句里渗透着的潺潺流淌的理趣。

　　例如，在教学《土地的誓言》这篇课文时，就要告诉学生，本文是一篇抒情散文，酣畅淋漓地宣泄了作者与故乡和土地有关的满腔激情，到处闪烁着理性的光辉。要让学生去寻味感悟，在"味"中嚼出理，在"悟"中领会理，从而获得深刻的哲理熏陶。通过师生活动，大家明确的哲理句子有：我无时无刻不听见她呼唤我的名字，我的心还在喷涌着热血，它在泛滥着一种热情，故乡有一种声音在召唤着我，我不得不回去，我从来没想过离开她，这种声音已经和我的心取得了永远的沟通，土地是我的母亲，故乡的土壤是香的，稻禾的香气是强烈的，我必定为她而战斗到底，草原的儿子在黎明的天边呼唤。课文中的这些哲理警句，让我们越读越有味，越想越受益。这样教学，显然比单纯地关注"情"要略高一筹。

2. 哲理要靠总结和提炼

哲理内容在记叙性作品里的表现，总是不显山、不露水，忽明忽暗，如雾里看花、水中望月，朦朦胧胧，甚至可以说无任何外在表现，全靠我们在阅读中去触摸，在理解中去总结，在理性中提炼感性，让感性转化为理性。总结和提炼的依据，可以是某个关键语句，也可以是某个情节阶段，还可以是人物的言行举止和环境的折射与透示。课文如同我们的现实生活一样，处处蕴含这种哲理，必须通过总结和提炼来体会。

例如，《散步》这篇课文，篇幅不长，内容简单，表意明畅，一读就懂，几乎没有什么理解障碍。可就在这平平淡淡的散步中，就在这普普通通的行走时，就在这春暖花开的氛围里，我们毫不费力地触摸到了浓浓的亲情和暖暖的爱意，我们隐隐约约地感受到了这里传达出的许多颇有教益、令人启迪、终身受用的哲理。通过师生共同活动，总结和提炼出的哲理有：生命在于运动，尊老是中华民族的传统美德，听话就是尊老爱老，子女要有担当精神，中年人是承前启后的桥梁，夫妻之间应相敬如宾，榜样的力量是无穷的，家庭是社会的细胞。这几个哲理内容，都是根据课文中的人和事总结提炼才能体会到的。这样情理相济的教学，以理驭情，对课文内容的深层理解和学生受到的哲理熏陶，都会达到理想的程度。

可见，让学生在课文哲理中熏陶，是一种高品位的教学层次。

修辞教学贵在随机应变

在语文教学中，无论是解读课文内容还是讲析修辞知识，最重要的是要随机应变。这显然需要教师有足够的知识储备，也需要学生有密切配合的参与意识，通过语言的变化来认知其运用特点和规律。修辞教学本来是比较枯燥的，学生接受领悟的效果一般不够理想，但是如果灵活地讲授某种修辞方法，效果就会大不相同。

例1：大鱼吃小鱼，小鱼吃虾子，虾子吃泥巴。

这是一句民间谚语，家喻户晓，妇孺皆知，是人们普遍认可的一种生态关系和现象。这个"谚语"也可以称之为"俗语"或"格言"，学生都很熟悉，让他们指出其中运用了哪些修辞手法，主要手法是什么，回答问题的难度应该不大。通过活动，很快有了结果，明确是运用了"排比""对比""顶针"三种修辞手法，其中主要的是"排比"，以此揭示了生物世界里的食物链现象。

第一次分析结束以后，随机引导和启发学生，将这个谚语进行变化，或由教师主变，或由学生自变，在变化中融进自己的创作智慧，在变化中形成一定的比较，在变化中将有关知识重新定位，重新认知，重新分析，以加深对知识的印象。

例2：大鱼吃小鱼，小鱼吃虾子，虾子没得吃，只好吃泥巴。

这就由原来的三个短句，变成了四个短句，老师据此询问学生：修辞是否发生了变化，意思有无改变，语言表达效果有何异同。通过活动获得一致意见："对比""顶针"两种修辞方法仍然存在，可是"排比"就此消失了；意思上表达的倾向更为鲜明，将情感的重点放至虾子身上，突出了最弱小者虾子任人宰割、无可奈何的渺小特点；由三句变成四句，节奏感明显增强，内容也有所丰富。这是语言的第一次变化。

例3：大鱼吃小鱼，小鱼吃米虾，米虾没得吃，只好吃泥巴。

例3相对例2来说只改动了一处，即把"虾子"改为"米虾"，为什么要这样变化呢？让学生思考老师的变化意图。活动情形令人满意，大家的看法也很到位，认为"对比""顶针"依然保留着；"排比"还没有恢复；可是现在的"虾"与"巴"构成了韵脚，变成了富有韵味的自由诗，或者称其为"打油诗"，这才是老师变化的真正意图，意在启发学生"诗歌"意识。短诗朗朗上口，节奏明快，具有韵律美感，使学生感到，写这样的诗歌难度并不大。实际上，打油诗就是这样的大白话、大实话。这是语言的第二次变化。

例4：大鱼吃小鱼，小鱼吃小虾，小虾没得吃，只好吃泥巴。

这里又将"米虾"改为"小虾"，是一位同学的积极主动行为。问其原因，他说这样可以让前两句构成"对偶"。同学的热情深深地感染了课堂。实际上，"大鱼吃小鱼，小鱼吃虾子""大鱼吃小鱼，小鱼吃米虾"也都可以构成对偶，词性排列都是"名+动+名"，但无疑是"宽对"，却不是"严对"。这样一改，不仅仍然保留了"对比"和"顶针"手法，保留了打油诗和押韵的特点，而且新增了严格的"对偶"，上下两句都变成"形+名+动+形+名"的格局，对应工仗严整，韵律和谐。这是语言的第三次变化。

例5：大鱼吃小鱼，小鱼吃虾米，虾米吃泥巴——一物降一物。

这是教师提供给学生的例子。将上面的"虾子""小虾"和"米虾"又改为"虾米"，也就是说，这四个名称概念都是相同的，改来改去，都是为了语言表达、完善修辞或修饰润色的需要。在这里，恢复了"排比"手法，保留了"对比"和"顶针"修辞。值得一提的是多了一个破折号，多了一个五字成语"一物降一物"，语言现象就由民间谚语又变成了"歇后语"，其特点是短小、风趣、形象，与"谚语""俗语""格言"等概念有异曲同工之妙。这是语言的第四次变化。

通过对一句民谚的多变教学，使之形成多种语言现象，也具体形象地解读了语文知识之间的密切联系及其运用特点。可见，修辞教学贵在随机应变。

让示意为语文教学添光彩

语文课堂上的活动和交流，大都是通过口头表达来完成的，教师的讲解提问，学生的议论回答，其表达主渠道基本上是口语。但如果聪明而富有情趣的教师，就会经常运用示意的方式来与学生沟通，甚至作为课堂教学的一种技巧；如果学生也以示意来回应，那就更为精彩绝妙了。可见语文课堂上的示意，无疑是一种"此时无声胜有声"的教学方法，也是一种"只需意会，不必言传"的演示机智，能为语文课堂添光彩。课堂教学中的示意常用的有两种：

1.表情示意

马卡连柯曾经说过："做教师的一定不能没有表情，不善于表情的人不能做教师。"可见，通过表情示意是教师在课堂教学中必须具备的基本素质之一。表情示意主要体现在面部，喜怒哀乐，酸甜苦辣，都可以通过面部表情显示出来。面部主要是指五官及其变化，是肢体语言中最基本、最丰富的部位。如果说眼睛是心灵的窗户，那么面部表情就是心灵的镜子，它能表达复杂而微妙的情感内容，具有超凡的艺术魅力，如鲁四老爷对是否留用祥林嫂的"皱眉"一样。情感世界十分丰富的教师，其表情也必然是丰富多彩的，特别是中学语文教师，长期在国学的熏陶和滋养下，以表情助说话已经是他们教学艺术的重要特征。

表情示意的内容很多，如学生回答了一道非常疑难的问题，教师脸上露出了喜出望外的神情，就给学生以鼓舞和奖赏；课堂上学生吵吵嚷嚷，议论纷纷，教师显出金刚怒目的表情，就给学生以无声的震慑和及时的忠告；经常考试不及格的待进生竟然获得了意想不到的好成绩，老师在评卷时表现出喜不自胜的表情，就给这位待进生以巨大的精神激励。教师的这些表情，都对学生的学习情绪产生了明显的示意作用。例如，有一次笔者在课堂上偶然发现有一位后排同学正在发呆地望着窗外，于是边讲课边走至近前，当我们四目相遇时，老师对他期待地望望，他也对老师做了一个尴尬的鬼脸，师生均不用一言一语，问题就这样交流解决了。

2. 动作示意

动作示意就是教师通过某个不起眼的肢体动作，来表现某种无须言传的内容和意思，像蔡芸芝先生将"教鞭轻轻地敲在石板边上"那样，产生"大伙笑了"的显著教学效果。作为一名成功的语文教师，蔡芸芝先生在课堂上的讲课总是以姿势助说话，以动作相配合。作为示意性的动作，一般是在特殊情境下或特定氛围里呈现的，或在学生回答问题之后，或在课堂发生争议之间，或在教学进入高潮之时。教师动作示意的体现主要在手部和脸部，脸部的动作是微小的，包括五官及肌肉的变化动作，如皱皱眉、耸耸鼻、眨眨眼、撇撇嘴、龇龇牙、点点头等；手部的动作要相对明显一些，动作幅度也要大一些，如竖起大拇指、做成 OK 状、拢成爱心形、双手抱拳、摊开两手等。当学生站起来回答问题受阻时，教师以信赖的目光注视着他，并用手指指脑壳，敲敲脑门，学生在教师的示意下，就会受到鼓舞，增强信心；教师在教学某种内容时，学生往往感到疑惑不解，教师就可通过形体动作来表现。例如，在教学《故乡》这篇课文讲到少年闰土刺猹的动作时，请两位同学上讲台演示，栩栩如生，活灵活现，老师对他们竖起了大拇指，课堂上顿时响起了热烈的掌声。这"刺"猹，这"竖"大拇指，这掌声，都是一种动作示意，接二连三地综合运用，将课堂气氛推向高潮，增添了耀眼的光彩。

表情示意和动作示意，是教师课堂常用的两大非语言教学艺术法宝，值得我们去潜心研究，不断丰富，大胆尝试，积极创新。示意在课文内容的教学中，更具有广泛的用武之地。例如，《从百草园到三味书屋》一文中运用的"扫""支""撒""系""牵""拉""罩"等一系列动词，细腻地记叙了闰土雪天捕鸟的动作过程，我们在教学时就可以通过人物肢体动作，对这些动词进行现场演示，以加深学生对课文内容的理解。教师的肢体语言是组成课堂教学艺术的重要元素，具有广阔的开发空间。

每课一句警言活动好

中学语文教学中每课一句警言活动，是指教师根据课文的内容，引出、确定和提炼一句恰当的警言。警言对课文内容具有理性化和纲领性意义，可以增加学生对课文思想内容的深刻认识，有助于他们加深对课文主题的理解和记忆。

1.每课引出一句警言

引出警言的时机，或在开场白之前，警言如作文中的"题记"；或在结束语之后，警言如作文中的"后记"或"尾声"。前者是为了对课文导入产生作用，后者是为了加强对这节课的总结。在教学课文之间引出警言，则完全是为了课文语境教学服务的，这种情况可引的警言更多。引出警言主要是从内容上考虑，与课文写作形式关系不大，目的是为了增进学生对课文内容的认识和理解，加深对课文内容的印象。例如，《从百草园到三味书屋》这篇课文，主要是写作者少年时代在百草园和三味书屋里活动的情形，前者是玩乐生活，后者是学习活动，凡是童年方面的警言，都可以拿进来，为解读文本服务。下面这七句警言都是符合的：

> 儿童是进入天堂的钥匙。——理·斯托达德《孩子们的祈祷》
> 游戏是儿童最正当的行为，玩具是儿童的天使。——鲁迅
> 儿童的情形，便是将来的命运。——鲁迅《南腔北调集》
> 童年，只有在回忆中显现时才成就了那么完美。——三毛
> 儿童的天真和老人的理智是两个季节所结的果实。——布莱尔
> 幸福的年代，谁会拒绝再体验一次童年生活。——拜伦《恰尔德·哈罗尔德游记》
> 儿童喜欢尘土，他们的整个身心像花朵一样渴求阳光。——泰戈尔

2.每课确定一句警言

选入中学语文教材的诗文，虽然体裁或内容各不相同，但无论是诗是文，只要我们有警言意识，都会发现其中存在着若干警句。在课文中确定警言的目的，是为了增加对课文主题的印象，也是抓重点、攻难点的需要，因为警言往往是主题在文中的浓缩和体现。警言是草原之花，是水中之鱼，是树上之果，是课文中的灵魂。尽管被青草、水面、树叶或字里行间遮蔽甚至淹没，但都是挡不住慧眼识珠的。当我们找到并确定为该课警言时，就要将它与主题思想、作者情感和社会背景联系起来，以加深对课文内容的认识。但是，如果发现某篇课文出现多个警句时，也要选择一个最切合主题、人物或情感的警言，并牢牢地记住它。例如，在《祝福》中，师生通过活动找到的警言有如下六句，其中最恰当的是第⑥句：①旧历的年底毕竟最像年底。②这里的人照例相信鬼。③"说不清"是一句极有用的话。④大家仍然叫她祥林嫂。⑤鲁镇永远是过新年。⑥预备给鲁镇的人们以无限的幸福。

3.每课提炼一句警言

提炼的本意是用化学或物理方法使化合物或混合物纯净，或从中提取所需要的东西，常比喻文艺创作和语言艺术等弃芜求精的过程，这里是指根据某篇课文的内容，通过自己的概括归纳而获得相应警句的过程。可见，提炼警言比引出和确定警言的难度都要大得多。提炼的依据主要是作品的主题和作者的情感，提炼的时机是在对课文内容全面理解的总结课上进行，提炼的形式是师生充分互动，不能唱独角戏。因此，提炼可以是对课文内容的高度概括，也可以是作者感情的浓缩强化，还可以是故事情节的巧妙总结。当然，在提炼警言时，可以适当援引文中的关键词语，讲究用语的简明扼要和富有哲理，形成后要尽可能增删修饰。例如，给课文《散步》提炼警言，下面五个都是比较恰当的。①尊老既要动嘴，也要动腿。②上有老，下有小，中间夫妻共担挑。③时时想着长辈，处处为了晚辈。④榜样的力量是无穷的。⑤尊老爱幼可以赢得整个世界。

每课一句警言活动真好。

动态解题的妙处

语文教师上课首先是"解题"，解题就是解说课文标题的意思，这几乎没有什么难度。但如果是"动态解题"，通过教师对课文标题灵活变化的解读，来带动对课文各个方面内容的认知，产生牵一题动全文的特殊效果，这就有了明显的难度，也有着无穷的妙处。

解题是一个教学环节，也是语文老师开课的首要任务。无论是学生还是老师，对解题这种环节都是非常熟悉的。题目是文章的眼睛，动态解题就是透过眼睛的灵动作用，窥见人物的内心世界；题目是文章的窗口，动态解题就是透过这扇窗户，来灵活地探视作者精心设置的迷人的风景、精彩的世界和惊险的故事；题目是文章的瞭望哨，动态解题就是通过这个居高临下的哨点，来俯视周围大千世界美丽的画卷，如泰山极顶"一览众山小"，苍穹之上俯瞰万里云。现以《白杨礼赞》的"解题"为例。

"白杨"，这是文章的写作对象，也是作者感情寄托之物。但它是普通的大自然中的白杨树吗？当然不是，它是指"伟岸，正直，朴质，严肃，也不缺乏温和，更不用提它的坚强不屈与挺拔"的"伟丈夫"，是指我国"北方农民"，是指"守卫他们家乡的哨兵"，是指抗日军民"在华北平原纵横决荡，用血写出新中国历史的那种精神和意志"。既然白杨树承载着这么多珍贵的内容、特点、精神和品格，那么它的本质还是"树"吗？当然不是。既然不是树，那么在它身上运用了什么表现方法呢？象征手法。根据事物之间的某种联系，借助某人某物的具体形象，以表现某种抽象的概念、思想和情感。在这里就是借助白杨树之物，来表现作者对北方抗日军民的赞美。与象征紧密联系的修辞是拟人，就是把白杨树当作人来描写，使之有了人的行为、特点、精神和感情。那么，白杨树为什么值得这样"礼赞"呢？因为它是一个"不平凡"之物，"不平凡"表现在哪些方面呢？一是生长环境不平凡，"黄与绿主宰着，无边无垠，坦荡如砥"，说明它有雄厚的群众基础和坚实的土壤；二是具体长势不平凡，它"力争上游""一律向上""紧紧靠拢""倔强挺立""参天耸立，不折不挠"；三是象征意义不平凡，即四个"难道"的反问句，揭示了它内涵的丰富和形象的高大。这就通过题目"白杨"二字，将文中关于"白杨树"的主要内容全部呈现出来。

"礼赞"，是以崇敬的心情来称赞表扬某人或某物。这是作者在标题中的感情态度，也是作者在文章中的主要感情倾向。作者之所以不用独词"赞"和双音词"赞美""赞颂""赞扬""赞赏"等，意在"礼赞"比那些词语更富有书面性，更含有敬重、钦佩和虔诚的意味，是作者诚心诚意激情赞美的体现。可见，这"礼赞"是本文的文眼，透过它，我们窥见了文章的抒情过程。它又是文章体裁特征的标志，告诉我们文章是抒情散文；既然是抒情散文，那么它也是文章抒情线索在标题中的凝结；既然以抒情为线索，那么它在文中的直接体现语句是"白杨树实在是不平凡的，我赞美白杨树！""我要高声赞美白杨树！"这两个句子分别出自文章的首尾，一是线头，一是线尾；它们合起来又形成反复照应、首尾圆合的格局，"礼赞"又对结构产生了直接的明示作用。

综上可知，动态解题就是根据题目中极其有限的若干词语，联系全文相关内容，进行由此及彼、由浅入深、从现象到本质的讲读、理解、分析、探究和鉴赏。就上面所及的解题来看，虽然只对题目中两个双音节词语进行了解释，实际上又从不同角度动态地讲析了课文内容，有层次，有梯度，有情趣，连带紧密，关顾众多，涉及内容、体裁、情感、结构、写法、线索、修辞、语言等各个方面，以题带文，以点带面，是一种非常奇妙、省时省力的讲课途径，值得肯定。动态解题的妙处，由此可见一斑。

云卷云舒话探究

探究虽不是语文学科的专利，却是语文学科最常见的一种学习方式。探究亦称发现学习，是学生在学习情境中通过观察阅读，发现问题，搜集数据，形成解释，获得答案，并进行交流、检验和探索的学习过程。

探究是语文教学中一种高层次、高规格、高效率的学习形式。因为只有通过探究，才能发现新问题，建立新学问，获得新知识，丰富新感受。所以，在语文教学中，如果用了探究，课文内容就能得到理想的开发和合理的深化；如果失去了探究，这节课至少缺乏韵味，内容浮在表面，毫无特色，效果平平。

探究呈现的基本状态，可喻之为"云卷云舒"。这个成语出自明人洪应明的对联："宠辱不惊，闲看庭前花开花落；去留无意，漫随天外云卷云舒。"云卷云舒在对联中的意思，即视名利去留如云卷云舒般变幻，不要刻意追求。将它运用到语文教学的探究上，云卷，即卷缩、回撤，是"收"；云舒，即舒展、延伸，是"放"，也即探究要有放有收。

探究首先是"舒"。舒就是根据课文内容，依照探究之点，向深度和广度进军。深度是纵向的，广度是横向的，纵横开拓使探究内容得到最大程度的开发，让所学的内容得到最优化的展示。"舒"是指云朵从容的步伐、自然伸展的状态，不是突飞猛进，不是急速前行，而是顺其自然、一点一点地流动延伸。在语文探究时，纵向的"舒"具有递进的特点，由表及里，由浅入深，从现象到本质，如云舒时不断加厚云层一样；横向的"舒"具有展开的特点，由此及彼，由近而远，从自己到他人，如云舒时轻轻地向远方飘移一样。

鲁迅《故乡》中有一句话："希望是本无所谓有，无所谓无的。这正如地上的路；其实地上本没有路，走的人多了，也便成了路。"教学时，以这句话为探究之点是极其普遍的，因为它是作品的主题所在。为让探究更具体、更集中、更有效，以关键词"路"为探究的重点，于是这朵"云"就开始慢慢延伸。这里的"路"本指自然界之路，杂草丛生的大地上，经过人们反复不懈地行走，路就慢慢踏出来了，这是探究的起点；然后探到鲁迅的求索之路，从学医到从文，表现了他的忧国忧民思想；再探到中国革命之路，从党的诞生到新中国成立到改革开放，一路走来，祖国逐渐强大起来；最后探到今天的"一带一路"，发展自己，走向世界，产生了良好的国际反响。这四个层次，如云舒的四次加厚伸展一样，自然和谐，由浅及深，由近及远，从自然到社会，从过去到现在，使探究内容逐渐丰富扩展，不断拓深掘进。

探究其次是"卷"。卷就是指探究时候的"收"，即收回向远方延伸的云头，如集中回撤一样。探究的内容虽然丰富多彩，但应该有个尽头，切不可信马由缰，无休无止地"探"下去。这不仅是课堂时间不允许，也是教师课堂教学应具备的基本素养。一般情况下，云卷时要果断迅速，立马收回，不拖泥带水，不婆婆妈妈，通过教师一两句话，干净利落地回到文本探点之处，回到最初的基本意思上来，形成云舒云卷、有放有收的严谨格局。

例如，教学《散步》这篇散文时，对结尾"好像我背上的同她背上的加起来，就是整个世界"中的"整个世界"进行探究：从家庭角度看，这一家三代四口是这个家庭的全部成员，是"整个世界"，这是基本意；从社会角度看，三代之家大体上都是这样的格局，这个家庭代表了"整个世界"的情形；从时空角度看，母亲代表了过去，儿子代表了未来，"我"和妻子代表了现在，合起来就是"整个世界"。探究至此，教师用一句话收回来："可见，这篇散文表面上是写这个家庭尊老爱幼的情形，实际上是歌颂我们国家、这个时代的传统美德。"云卷的状态就是这样形成的。

语文知识教学的"左邻右舍"

语文知识的概念很广，狭义上的语法、修辞、逻辑等知识，广义上的阅读知识、写作知识、文体知识、文化知识、文学知识等也都可归为语文知识之类。语文知识之间的联系如万事万物之间的联系一样，纵横交错，这种联系可以形象地喻之为"左邻右舍"。教师讲授语文知识，学生学习语文知识，都要注意"左邻右舍"关系，都要有明确的认知。这样获得的知识，才是活的知识，才是动的知识，才属于我们自己真正掌握了的知识，运用时也才能产生由此及彼、从三到万、以点带面的显著效果。

"左邻右舍"在语文概念上就是知识之间千丝万缕的联系。梨树和苹果树本来是互不相干的两种果树，可是如果将苹果树枝嫁接到梨树上，可结出"梨苹果"，甜中含酸，脆嫩可口，营造了一种"多年邻居变成亲，和睦相处一家人"的美好境界。语文知识也有这种情况，语法与修辞本来是两个渠道、两种体系的知识，可是它们之间又经常牵瓜扯藤，如"红的像火，粉的像霞，白的像雪"，这是出自朱自清《春》中的句子，写得很美，语法上它是由三个主谓短语构成的并列复句，而修辞上则是由三个比喻构成的排比，语法上的复句与修辞上的比喻排比就成了最近的邻里关系，二者融为一体，和睦相处，形象具体地写出了春天百花盛开、万紫千红的美好景象。

"远亲不如近邻，近邻不如对门"。语文知识也是这样，无论何种语知，从知识规律上来看，首先要明确与某种知识关联最亲近、最紧密的"邻居"是谁，一旦认准了、找对了，就等于掌握了这种知识的规律。学习语文知识不要舍近求远，登高望远，好高骛远，因为"远水解不了近渴"，舍近求远是一种大而化之、粗枝大叶的学习方法。从最近的邻居知识学起、认起，然后推而广之，就能由此及彼、由近及远地认识和了解更远更多的邻居。以象征知识为例："它在大笑，它又在号叫……它笑那些乌云，它因为欢乐而号叫！"这句话出自高尔基的散文诗《海燕》，在表现方法上运用了象征，修辞上运用了拟人，体现的标志词语是"大笑""欢乐"。这就告诉我们，从修辞上来看，象征知识最近的邻居之一是拟人，凡是运用象征手法的文章，修辞上必然运用拟人方法，这就是规律。

"亲连亲，连到伦敦，邻带邻，带到京城"。语文知识的特点也如此，像一个缥缈无际的浩浩大海，又如一眼望不到尽头的茫茫草原，由某一个语知左右连下去，是没有止境的。例如，对比修辞方法，往往与对偶相连，"将军百战死，壮士十年归"，就是对比与对偶同在，对偶是对比的近邻，对比也是对偶的近邻。如果再连下去："我们信它，因为它'是'；不信它，因为它'非'"，这是《怀疑与学问》中的句子，又由诗歌中的修辞方法转而成了议论文中的正反对比论证方法。"红、橙、黄光波长，含热量多；蓝、紫光波短，含热量少"，这是《花儿为什么这样红》中的句子，又转为说明文中作比较的说明方法。殊不知，对比还是一种写作上的构思方法，文章框架上的结构方法。

可见，如果我们学习语文知识有这种"左邻右舍"意识，并这样一直连带下去，就会呈现"海内存知己，天涯若比邻"的美好景象。

大珠小珠落"语"盘

　　如果把课文里所写的内容按详略分类归纳,详写的内容肯定是重点或难点,可以喻之为"大珠";略写的内容是次要的,当然就是"小珠"了。我们常说"以线串珠"的"珠",是喻指记叙性作品中所写的大大小小的人和事、景和物;说明文和议论文不存在线索问题,但是它们都有顺序,这顺序也可以假定为线索。如此,大小"珍珠"的比喻就适用于各种体裁的课文。这是将内容定位成"珠子"所致,每篇诗文都有内容,也就都有珠子了。

　　白居易的《琵琶行》中有"大珠小珠落玉盘"的名句,本是指大大小小的雨点落在荷叶上的声音,诗中则是比喻琵琶弹奏出的乐声美妙动听,清脆悦耳,如大小珠子落到盘子里发出不同的音响一样。本文不妨将它借来喻为"大珠小珠落'语'盘"。这里的"珠"是指课文所写的内容,"语"盘是特指语文学科,即我们在课堂教学时,让大大小小的内容"珠"先后落到语文这张盘子上,使之产生如"泉水激石,泠泠作响""荷边听雨落纷纷,裁得银盘珍珠落"的美妙效果。

　　"大珠"落"语"盘自然声音要大一些,震得语盘"咣当"作响。一般情况下,课文重点或者难点这种大珠子内容在课文里为数是不多的,通常为一两处。对于这种"大珠"内容,师生用力就要大一些,花的时间也要多一些,使之不断发出清脆的响声。教师要不厌其烦地点拨它,学生要不遗余力地揣摩它,将它打磨得溜光雪亮,熠熠生辉,放置"语"盘叮当作响,余音袅袅,待重难点解读和赏析之后,才转换到新的小珍珠上。

　　例如,《藤野先生》这篇散文,按内容分共有九颗珠子:①东京见闻,②仙台路上,③修改讲义,④纠正血管图,⑤询问足骨,⑥匿名信事件,⑦看电影风波,⑧告别先生,⑨北京忆念。从主题爱国角度看,大珠子是两个,即⑥⑦,这两颗珠子写得最详,用墨最多。为让它们显得大而圆满,鲜明突出，落盘时发出的响声震耳欲聋，教学时就要从不同角度进行打磨，如第⑥颗珠子进行这样打磨：这件事情记叙得非常完整，请具体明确六要素；突出描写了一个什么细节；引用《新约》中的句子有哪些作用；这件事情的大背景是什么，小背景是什么；其中运用了哪些修辞方法；写匿名信的主要目的是什么；这件事与作者弃医从文有何关联；作者为什么要退还匿名信。通过多角度赏析，就将爱国红线上的大珠子打磨得流光溢彩，光芒四射，放置"语"盘，振聋发聩。

"小珠"落"语"盘肯定声音要小一些，语盘只会发出"滴滴答答""叮叮咚咚"的响声。课文中的次要内容，并非无关紧要的闲笔，无论是记叙、描写、说明还是议论，都是作者精心安排、不可废弃的珠子，没有它们的存在，也就没有重难点这种"大珠"的呈现。它们虽然是为重难点服务的，但是如果没有它们，就失去了为重难点服务的衬托内容。因此，在教学时也要通过一定的手段和方法，对这些"小珠"进行适当打磨，让它们在大珠的旁边，发出属于它们自己的声音。这些小珠子发出的声音定然要小一些，但是打磨了它们，才突现大珠，才能营造一种"大珠小珠落'语'盘"的美妙音响世界。

仍以《藤野先生》为例，在打磨小珠时，重点表现它们与大珠的关联：①意在表现"清国留学生"无聊无为的精神状态，为作者去仙台作铺垫；②意在以史为镜，为作者从文爱国埋下伏笔；③④⑤意在表现藤野先生的严谨治学、工作认真；⑧意在表现爱国胜于尊师的情感，是为了衬托从文爱国的主题；⑨是历史与现实的融汇，是从文爱国主题的延伸。这样就将这些小珠先后有致地放至"语"盘之中。可以预想，当它们每每落于语盘之时，都会发出"哗哗啦啦""淅淅沥沥"的响声。

这样，小珠与大珠巧妙地融合在一起，就能汇成一首和谐美妙的语文交响乐。

将重要语句打造成微课

微课小中见大，见微知著，是小课堂大教学的一种有效实践形式。短小精悍的"微课"是相对于一堂完整宏盛的"大课"而言的，但要比一般大课做得更精致，要求更严格，实施起来难度更大，于是也就更有研究和实践意义。"微课"是浓缩的精华，虽然一般只需要几分钟，但它承载的知识内涵和教学意义是极为显著的，有时一个短小的微课要比几十节课都要管用，可谓以少胜多，深受师生喜爱。正因为如此，近几年来微课的研究和实践在全国各地呈现百花齐放、蔚然成风的喜人景象。

微课应该立足个性，认识和总结共性。一个微课就是一个亮丽的剪影、一个特写的镜头。如果把语文教材中每个关键点都能够打造成微课，那么这堂课定然异彩纷呈，美不胜收。可以肯定，凡是精彩的语文课堂，也一定是一个个微课纷呈迭出、巧妙连缀成一节美妙完整的大课。一篇课文、一种知识可以设计许多个微课，一个微课课程应该是一个细小的、独立的关键点。本文从课文重要语句方面来确定微课的关键点，因为重要语句常常是课文重难点的体现。

1.如果把教材中每个重点语句都打造成微课，就会形成以点带面的格局

重点句可以是表现主题的中心句，也可以是揭示人物特点、表达思想感情的关键句。把这种句子打造成微课，实际上就是由表及里地认知重点句，全方位的剖析重点句，并从这个重点句出发，带动前后甚至全文内容的解读，产生以少胜多的解读效果。

例如，《藤野先生》这篇散文，确定的重点句子有三个：大概是物以稀为贵罢；但在那时那地，我的意见却变化了；再继续写些为"正人君子"之流所深恶痛绝的文字。我们选择将第2句打造成微课，内容如下：①四个要素：那时、

那地、我、变化；②"意见"的同义词：见解、主张、看法、观点；③"但"与"却"连用："但"针对"醉酒似的喝彩"重转，"却"针对"我的意见"轻转；④重点词语："变化"，由学医到"弃医从文，提倡文艺运动"；⑤句子的结构作用：是上文电影事件的结果，是与日本爱国青年斗争的总结，是下文作者离开仙台的暗示，是情节的转折点，是悬念的凝结点，是线索推进的标志；⑥含义分析：显示人生重大变故，揭示爱国思想，表达为国分忧的强烈意愿。

这个微课涉及主题、人物、情感、情节、结构等众多内容，牵一发而动全身，抓一点而带全篇，在动态中运行，在互动中呈现，小中见大，以小取胜。

2.如果把教材中每个难点语句都打造成微课，就会形成化难为易的格局

难点句的特点是意思比较隐晦丰富，有明显干扰因素，内涵言近旨远，学生不易理解。将这种句子设为微课之点，首先要明确难在何处，然后抓住难点，结合课文，进行全方位认知，产生化难为易的赏读效果。

仍以《藤野先生》为例，确定的难点句子有两个：东京也无非是这样；"你改悔罢"。我们选择将第1句打造成微课：①难在何处，难在"这样"上，指代前面无内容；②明确非指下文的"清国留学生"，而是指《朝花夕拾》里《藤野先生》的上一篇《琐记》中概括的中国当时呈现的"乌烟瘴气"现状，眼前的东京也是这样的乌烟瘴气；③"无非"的同义语：无外乎、不外乎、只不过；④"无非"表达的感情：悲观与失望，厌恶与鄙夷；⑤句子结构作用：将两篇散文的文脉暗联起来，引起下文对"清国留学生"的夸张讽刺性描写，为作者去仙台作了铺垫，奠定了全文感情基调，起笔突然，造设悬念，促人深思，引人关注；⑥句子含义：表现作者为探索真理而孜孜以求的精神。

这个微课涉及文脉、人物、情节、感情、结构等方面，有了这些认识和分析，不仅这个句子的意思一清二楚了，而且它的运用价值和内涵指向也明朗化了，难句再也不难了。

可见，微课对解决课文重难点具有不可小视的重要意义。

做好课题须有"三心"

课题研究的意义是尽人皆知的,但是要真正做好一个课题,并非一件易事。以合肥市为例,市教育局每年对前几年立项过时的课题都要发布好多次清理撤销的通知,其中有的课题连开题形式也没有。这其中的原因固然很多,如课题负责人的变动、应试压力的影响、学校经费的紧张等,但是主要还是研究者内因所致。如果从正面考虑,我以为做好一个课题必须要具有"三心"。

1. 要有众望所归的核心

这是从个体角度来说的。这里的"核心"是指核心人物、核心力量,也就是特指课题主要负责人或主持人。一个课题从酝酿、申报、立项、开题到结题,都是在一两位课题负责人的思考、谋划、运作下完成的,所以课题主持者应该是课题的核心,课题组其他成员则是围绕核心起作用。课题研究是否有始有终并取得显著成果,首先取决于主持人的素质和能力。他们既是课题的策划者、组织者和调控者,是领头羊,也是课题研究过程中的一分子。因此,对主持人的思想品德和业务能力要求非常高。他要有凝聚力,把课题组所有成员团结在自己的周围;他要有向心力,课题组成员自觉而富有激情地围绕在主持人身边并为之勤奋工作;他要有战斗力,在课题组里冲锋在前,身先士卒;他要有影响力,给人以向上、希望、追求的情感支持;他要有感召力,具有鼓舞人心、预见未来、创造奇迹的特有气质。有了这样的负责人,课题研究也就成功了一半。

2. 要有团结一致的合心

这是从集体角度来说的。"合心"就是合力齐心、群策群力。个人的时间、精力和智慧毕竟是有限的,只有依靠集体的力量,才能保证课题研究的顺利进行。众所周知,课题是课题组的课题,是大家的课题,不是一两个人的事情。

每个人虽然身处课题之中，但是如果你在课题里没有具体成果，是享受不到结题荣誉成果的。因此，在实施课题的每个环节中，在分担课题的具体任务时，都应该是全组成员的共同行为，不能完全指望负责人去单打独斗，要充分发挥每个人的主观能动性，积极主动地为课题分忧解难，贡献自己的一份力量。遇到困难，和衷共济，戮力同心；获得荣誉，人人有份，同乐同享。整个课题组团结得像一个人一样，"心往一处想，劲往一处使"，完全是一个和谐共振的战斗集体、取长补短的温馨家庭。

3.要有坚持不懈的恒心

这是从过程角度来说的。恒心就是持久的心志，坚定的决心。"恒心搭起通天路，勇气冲开智慧门"，无论做什么事情，只要保持坚定不移、勇往直前、持之以恒的坚持精神，锲而不舍，再大的困难都会被踩在脚下，做课题也是这样。一个课题从立项到结题，一般都需要经历一年或几年时间，其间必然会遇到这样或那样的困难和问题，如家庭琐事、工作压力、情感起伏等，此时最能考验人的意志、检验人的耐力、衡量人的韧性。我们应该鼓起勇气，树立信心，坚信水滴石穿、绳锯木断的哲理，坚信众人的智慧和集体的力量，不打退堂鼓，不互相埋怨，不回避问题，迎难而上。要像愚公移山、精卫填海那样，把课题研究的过程当作克服困难、解决问题、战胜自我的过程，当作拾级而上、攀登高峰、一览众山小的过程。

以上"三心"，是做好任何一个课题都必须具备的基本要素，"一个都不能少"。

谈语文备课之"备"

备课是每位语文教师都非常熟悉的事情，意在"不打无准备之仗"。要想上好课，必须先备好课，在备课上下狠工夫，用大气力。将教材研究得又深又透，上课时就会胸有成竹，教学时就会游刃有余。但是，就目前中学语文学科备课现状来看，有一部分教师的做法并非如此，他们不是"备课文"，而是"备教参"，甚至"抄教参"。顾名思义，"备课"就是"备课文""备教材"，要先将课文的基本内容、结构框架、主要写法、语言特色等方方面面弄得一清二楚，之后才能拿教参来做"参考"、对比和印证，再具体落笔于备课笔记上，深印在脑子里，至此"备课"才算真正完成。就备课之"备"的义项来看，主要应该有如下两个方面：

1. 从教师角度来要求，"备"是"准备""防备"之"备"

凡是要做好某件事情，事前都必须做好充分准备，以保证所做事情获得成功与圆满。"准备"就是教师事先要安排好、筹划好，以备课堂教学之用，这是备教材。"防备"就是指为应对提问或避免出错预先做好各种准备，"防患于未然"，这是备学生。可见，"备"的对象主要是教材和学生。备课就是在课文的园地里细致耕耘，认真劳作，认识教材，通晓教材，让教材内容和形式了然于胸；也就是在学生的群体里，了解他们的语文程度，包括他们的擅长、特点、爱好、弱点等。无论课文是何种体裁，无论课文篇幅是长是短，备课时都要钻进去，成为驾驭教材的能工巧匠，成为畅游教材海洋中的弄潮儿；无论学生语文层次多么参差不齐，都要成为他们肚子里的蛔虫。

例如，《背影》这篇课文的备课，就要从如下方面考虑：本文写了哪几件事，其中重点是写什么事，这些事情是按照怎样的顺序排列组合的，每件事情的写法是否相同；记事的目的是什么，是怎样通过事情来写人的，写了人的哪些方面，让人物形象突出的方法有哪些；人与事的关系怎样，是以写人为主还是以记事为主；文章运用了哪些技巧来表现的，如描写方法、叙述方法、修辞方法、语言技巧、结构特点等。教师将这些大大小小的问题都准备得细致充分了，到了课堂就会胸有成竹，应付自如。

2.从备课标准上来要求，"备"是"齐备""完备"之"备"

通常情况下，要把某件事情做得十全十美是非常之难的。语文学科的备课差距很大，认真备课者，不仅是内容详细，而且有创意；不仅环节齐备，而且重点突出；不仅字写得好、内容丰富，而且能够将教材和教参融会贯通，这已经不是一篇普通意义上的教案，而是一件人见人爱、人见人夸的艺术品。反之，敷衍备课者，要么是几条筋络，几行索引；要么是誊抄教参教案，一字不差；要么是为了教学检查或评定职称，是备给人看的。课文内容体裁不同，采用的教法不同，教师的理解不同，备写的环节、方法和详略自然不同，这是允许的，也是应该的。但是为了教学的需要，要尽可能备得完美一点、全面一点，尽可能方方面面都考虑到、照顾到。可以这样说，没有一本完美无缺的备课笔记，但是备得好的典型教案还是有共识的。怎样将课备得齐备、完备呢？

例如，《济南的冬天》的备课：①三个目标：知识目标是对生字词、比喻拟人对比的认知；能力目标是对景物特征的理解和感悟；情感目标是对济南冬天的热爱和赞美。②教学重点：济南冬天的美，抓住"摇篮"放大欣赏。③教学难点：作者构思路径和文末"蓝水晶"的意境赏析。④教学方法：以点带面，点是"摇篮"，面即不同景点。⑤学习方法：诵读，绘画，修辞赏析。⑥课件展示：名家朗读、字词识辨、结构框架、比拟对比、山水特点、摇篮形貌等。

修辞教学要十步到位

修辞知识教学到位是比较容易做到的，但有许多教师没能做到到位。"油蛉在这里低唱，蟋蟀们在这里弹琴"是《从百草园到三味书屋》中的句子，如果对这句话的修辞教学完美到位，大致有如下十个步骤。

①明确基本要意。这是"释"。它写出了百草园里两种小昆虫的鸣叫声美妙动听的情形，如人们在唱歌和弹琴一样，给人以美的享受和情的感染。②明确主要修辞。这是"识"。弄清了修辞手法，就会为进入深层分析架通桥梁。这里主要运用了拟人手法，而且是两处拟人。③明确修辞标志。这是"觅"。这里把动物油蛉和蟋蟀当作人来描写，发出的叫声自然就成了人的动作的声音，其标志动词是"低唱"和"弹琴"，重点是"唱"和"弹"两个动词。④明确修辞作用。这是"析"。它形象生动地写出了百草园里优美静寂的宜人环境，这是充满趣味的乐园，表现了作者天真纯洁的情怀和热爱生活的内心世界。⑤不用修辞后果。这是"删"。去掉拟人就变成"油蛉在这里嘶叫，蟋蟀们在这里啼鸣"，小昆虫叫声还在，但是动听悦耳的歌声消失了，充满乐趣的美好环境隐去了。⑥添句成群。这是"加"。再增设一个拟人短句，就构成排比手法："油蛉在这里低唱，蟋蟀们在这里弹琴，斑蝥在这里喷雾"。"喷雾"是指人工造雾，也是拟人。⑦更换句序。这是"变"。"蟋蟀们在这里弹琴，油蛉在这里低唱"，变换句子位序以后，表意和修辞都没有发生改变，美妙的情境依然存在，更没有改变内容，说明这两句之间是并列关系。⑧改为对偶。这是"改"。可以将第二句的"们"字去掉："油蛉在这里低唱，蟋蟀在这里弹琴"；也可以在第一句中加一个"们"字："油蛉们在这里低唱，蟋蟀们在这里弹琴"。⑨仿句训练。这是"写"。语言单位应为两个短句，修辞应是运用拟人，描写对象最好是两种小昆虫，环境务要适合百草园特点，可以这样仿写："蝈蝈在这里唱晚，蛐蛐们在这里吹号"。⑩病例评改。这是"评"。针对仿句

"蝴蝶在这里舞蹈，蚂蚁们在这里伴奏"进行评改："伴奏"之词运用不当，因为蚂蚁发出的声音几乎听不见，俗话说"细弱蚁语"，不存在美妙动听了；"蝴蝶"在"舞蹈"是动作，不是声音，与原文情境不合，也不妥。

综上所示，一个非常简单浅显的拟人句子，经过了十个层次的教学活动，将知识一一落实到位。如果少了其中某个层级，都是不完美、不到位的，这也说明教学任何知识要达到完美到位的程度，都不是一件易事。这些力求到位的教学活动，基本遵循了由此及彼、由表及里、由简单到复杂的认知顺序，先后经历了认知、探因、检验、比较、分析、运用、修改、评价等若干阶段，每个阶段都有各自的任务，符合循序渐进的认知规律。至于其他修辞知识，也都可以照此办理。

知识教学到位的体现是让学生对某种知识有一个全方位、多角度的知会：会释，会寻，会辨，会用，会变，会析，会评，会改，进而上升为语文综合能力。从教师角度来说，就是对所传授的知识讲解落实到位，使之扎实牢靠地渗透到学生的脑海里，不煮夹生饭，不模棱两可，不留后遗症，不让学生产生模糊认识，以实现尽善尽美的教学境界。

可见，语文课堂教学将知识落实到位，主要责任在于教师，是教师为"主导"理念的重要体现。因此，教师在备课的时候，要将所及知识的方方面面，梳理得清清楚楚，研究得明明白白。只有准备充分，胸有成竹，才能在课堂上得心应手，游刃有余，家中有粮，心中不慌嘛！但知识到位，要有所选择地抓住重点难点；知识到位不是重复劳动，对在教学中已经到位的知识，以后再遇到时可以忽略不计；知识到位不是一厢情愿，应在师生和谐共振中完成；知识到位不是浮在表面，师生都要沉下去，一环套一环，环环紧扣。

语文教学实践"三部曲"

刚刚步入教学岗位的青年语文教师，缺乏教学经验是难免的。因为他们还没有经过课堂教学实践，还不知道"梨子的滋味"。实践出真知，实践出成果，实践出经验，教学经验来自教学实践，要想获得丰富的教学经验，必须在教学中大胆实践，不断总结经验和教训。但这个过程主要是针对那些有心人来说的，如果不是有意为了获得经验而去实践的人，那是盲目实践，糊涂实践，是横冲直撞，是埋头拉车。这就告诉我们，要想获得丰富的教学经验，必须按部就班，循序渐进，大胆实践。

1.实践之前要有规划

规划就是计划，就是方向，就是做事之前的思想准备，英国哲学家培根说，"理论是实践的先导，思想是行动的指南"，欲行动，先心动，心动之后要行动。特别是教学新手，在第一轮教学的起始阶段，就要根据教材和学生实际，在学习、调查和感受中制定合情合理、科学有效、周详严密、操作性很强的教学实践计划。这对获得实践经验大有裨益。

例如，笔者在第一次担任高中语文教学的时候，从高一年级起步，在没有走进课堂之前，就做好了非常严谨的教学计划。其时考纲已明确规定不对照课本出题，教学质量的高低，高考成绩是主要标尺，这就给将要实践的教学计划增加了很多未知元素和风险砝码，只有"敢"字当先，摸着石子过河，才能闯出经验来。于是笔者设置了严密的计划：①每单元作文训练一次，当堂完成上交；每次出两道作文命题，具有高考模拟特质；作文指导只"导"一点，作文评语只"评"一点，作文评讲只"讲"一点；推荐两篇学生作文到报刊发表，发表后再拿到班级展览。②每单元同步过关检测一次，闭卷，题型、分值与高考一样；阅读材料来自课外但与单元课文体裁完全一致；当天考，当晚改，次日评。这样扎扎实实地进行读写两个方面的过关训练，先教后练，由课内到课外，读写结合，齐头并进，稳步实施，步步为营。

2. 实践之中要有韧性

根据以上计划可知，它是以单元为单位，主要涉及读和写两个方面，与高考内容和形式对接十分紧密。就计划的项目来看，内容丰富，任务繁重，一轮结束，整整三年。老师是课堂的主导和向导，学生是课堂的主体和实体。当时的高中语文不分必修和选修，总共六本书，三十四个单元，除期中和期末大考之外，就单元过关训练就要完成三十四次，作文命题六十八道。学生且不论，教师能坚持下来吗？答案无非是两种，一是计划定在纸上，半途而废；二是将计划逐一落实，不留后遗症，不打退堂鼓。如果是前者，除了教训什么也得不到；如果是后者，经验就会如潮水般涌来。这就告诉我们，教师要有百折不回的韧性，要有遇到困难勇往直前的坚强意志，才能将实践进行到底。

3. 实践之后要有总结

有了以上三年扎扎实实、稳步推进的教学实践，天道酬勤，自然会取得显著成绩。一轮教学实践结束以后，是否就大功告成，就此躺倒呢？当然不是，从获得经验角度来看，还有很多事情要做。这时候我们就要思考，实践中有哪些成功的地方，在哪些方面需要改进，还存在哪些问题和教训，要形成文字，形成理性东西，这就是总结经验。就目前教学实情来看，大部分老师既没有有计划地去实践，更没有在实践之后有准备地去总结。很多教师特别是语文教师，往往重于教学实践，轻于理论总结，也就很难有提高了。

教学入口必须得"从头越"吗

语文课堂教学针对文本主体而言，"入口"又可以叫做"切入点"。"切入点"就是解决某个问题最先着手的地方，这种教学情境如《桃花源记》中开头所述，"林尽水源，便得一山，山有小口，仿佛若有光。便舍船，从口入"。教师进入课文教学的入口一般都是在开头，顺藤摸瓜，循序渐进，这样做合情合理，无可非议。教学入口非得"从头越"不可吗？非也！只要对教材处理和学生学习有利，都是切实可行的。例如，《祝福》是鲁迅短篇小说的精品，对于这篇课文的教学，完全可以从如下三处入口。

"她分明已经纯乎是一个乞丐了"。这是从人物入口，重点解决主角形象问题，其关键词是"乞丐"。乞丐是向他人求讨食物、钱财等物质生活资料，以苟延残喘地活下去。祥林嫂被鲁家辞退以后，无依无靠无定所，沿街乞讨。在这句话的前面是对她外在形象的描写，这句话是对她目前外在特点的总述。以人物为入口就是抓住小说三要素的重点，概括介绍人物的特点和处境，给学生以总体印象。

> 同学们，让我们首先看第三段中的一句话："她分明已经纯乎是一个乞丐了。""她"是谁？是祥林嫂，是小说的主人公。她目前的身体和精神状况怎样呢？"之前的花白的头发，已经全白，全不像四十上下的人；脸上瘦削不堪，黄中带黑，而且消尽了先前悲哀的神色，仿佛是木刻似的；只有那眼珠间或一轮，还可以表示她是一个活物。"为什么会沦为"乞丐"呢？成为"乞丐"的过程又是怎样的呢？让我们进入文本就都知道了。

这个入口紧紧抓住"乞丐"做文章，以主角外在特点为内容，将封建社会最底层劳动妇女的悲惨命运，一开始就展现在学生面前，引起学生极大的关注。如果学生带着同情和怜悯的情感进入文本，会有助于对作品人物和主题的理解。

"还不是穷死的"。这是以文中短工的一句话入口，以警句入口，以主题入口，关键词是"穷死"。这句话虽然出自无名者之口，微不足道，但却概括了祥林嫂的结局。"死"是结果，"穷"是原因，祥林嫂之死就是一个"穷"字。以这句话入口，就是引导学生抓住课文中的警策语句，把握小说的中心意思。这种入口具有居高临下的特点。

> 同学们，主人公祥林嫂最终死在鲁四等富人们的"祝福"声中，死在漫天大雪的严冬里，死在暗无天日、冷酷无情的鲁镇上。她是怎么死的呢？请看鲁家短工不经意的一句话，"还不是穷死的"，它揭示了祥林嫂真正的死因。一个"还"字说明别无他因，只这一个"穷"字。如果不穷，她就不会逃荒要饭，她就有房住，有衣穿，有饭吃。那么，祥林嫂"穷"的过程又是怎样的呢？课文会给我们以具体翔实的展示。

短工随意说的这句话很有哲理，言简意赅，将旧社会广大底层劳动人民始终挣扎在死亡线上的情形，将他们中的大多数人过早地离开人世的原因，高度概括地揭示出来。以这句话为入口，就将学生的思维方向很快指向了课文主题。

"四叔家里最重大的事件是祭祀"。这是以事件为对象，以情节为入口，关键词是"祭祀"。祭祀就是"祝福"，也可以说从标题入口。祭祀虽然只是一种仪式，实施的时间也不长，但为之而进行的各种准备活动却是繁复的。正因为如此，所以这件事在鲁四家里是"最重大的"，足见鲁四老爷对它的重视程度。

> 同学们，首先请看第72段第一句话："四叔家里最重大的事件是祭祀。"它点明了本文所写的重要事件是什么，是"祭祀"。"祭祀"就是"祝福"，是过去大户人家在旧历年底都要举行的一种祈神拜祖活动。鲁四为什么视"祭祀"为"最重大"的事件呢？因为他是一个极为守旧迷

信的人，是一个封建意识极为浓厚的人，以此来表现鲁四老爷对礼教的维护、对神权的尊重。他是怎样开展祭祀活动的呢？让本文来告诉我们吧！

这个入口是针对事件来设置的。虽然"祭祀"就是"祝福"，但"祝福"要比"祭祀"更为概括，涵盖内容更为丰富广阔。于是让学生形成比较，增加对祝福题旨的深刻印象。

语文好课的标准是"两超"

语文好课的标准众说纷纭。上海语文特级教师贾志敏提出"三主"的标准，即以学生为主、以训练为主、以鼓励为主，多从学生角度衡量。浙江语文特级教师王崧舟提出"三味"的标准，即语文味、人情味、书卷味，充满着语文学科色彩。河南语文教育专家张伟则提出"三不"的标准，即不唯书、不唯上、不唯课堂，很像是对"大语文观"的阐释。浙江著名教授崔允漷提出了"三得"的标准，即教得有效、学得愉快、考得满意，侧重从效果上定位。如果再全面浏览梳理，还有很多各种各样的标准。笔者以为，好课的标准既要符合科学规律，又要关顾课堂构成要素，由此提出"两超"的标准。

1.教师的教学行为要超常发挥

这是从课堂主导角度提出来的。"超常"就是超过一般，高于平常，是指教师不仅在课堂上充分展现了自己的教学水平，而且教学技艺也发挥得卓然不群。语文教师的教学风格和他的言行举止习惯，他的学生都是了解的。如果在教师、学生和课堂三要素都不变的情况下，教师在某堂课上与他自己过往的教学特点大相径庭，学生就会顿然感到教师的教学行为超乎寻常，令人刮目相看。可见，教师教学行为首先是自己要表现出来，既要与别人有明显差异，又要跳出自己平时的固有常态，给学生以耳目一新之感。其次是学生的反应，俄国教育家乌申斯基说："教师个人的范例，对于青年人的心灵，是任何东西都不可能代替的最有用的阳光。"一旦学生有了这种阳光，他们的学习状态也就被充分调动起来。教师是课堂的主导，"主导"是统领全局的，是推动并引导全局发展的，教师的教学状态直接影响学生的学习状态。这就是教师的教学行为超常发挥对学生心灵和学习效果产生的积极而深远的影响。

例如，有这样一位中年教师，在教学《藤野先生》时，教学手段丰富多彩：范读语调如藤野先生，抑扬顿挫，高低起伏；面部表情如韩麦尔先生，平心静气，和蔼可亲；动作行为如寿镜吾、蔡芸芝先生的仰起头、挥教鞭、敲黑板，以姿势助说话；粉笔字刚劲有力。此外，还有说谎孩子故事的介入、女人裹足的图片展览、对藤野先生的粉笔画像展示等，都较好地服务了这节课的教学。下课时的一片掌声，无疑是对这位老师超常发挥的充分肯定和最高奖赏。

2. 学生的学习受益要超值获得

这是从课堂主体角度提出来的。表面看这是从学生角度提出的好课标准，实际上则向教师提出了更高的要求。学生获得多少是结果，教师教学如何是原因。教师教学的优劣成败，完全是通过学生的获得来表现和反映的。苏联著名教育家苏霍姆林斯基说过："一个无任何特色的教师，他教育的学生不会有任何特色。"换言之，一个教学水平不高的语文教师，他教育的学生不会获得很多的语文知识。这其中教学水平和能力只是一个方面，还有激励学生努力学习超值获得的科学方法。

例如，有一位老师在教学《海燕》这首散文诗时，是这样展示的：歌曲导入、三幅海景展示、作者生平介绍、生字生词注音释义、名家朗读录音、课文结构框架、重点语句解读（5句）、象征词语阐释（三个动词）、象征意义类解（三类：海景、海燕和其他海鸟）、主题思想归纳、两点写法分析、修辞比喻拟人例句、八个动词寻味、三种感官词语、写春诗词五例、作业仿句两题等，共点击转换多媒体频率45次，专用多媒体的时间达35分钟。教师的右手始终不离鼠标，目光始终不离电脑，多媒体操控一切。从学生角度看，他们并不感到怎样的疲倦，甚至有不少人还表现出精神抖擞的样子，可是问他们收获几何，大多是一脸茫然。很明显，这节课不是一堂好课，因为学生受益甚微。

语文备课怎样"备"学生

语文教师备课，备写的是语文知识，研究的是课文内容，但不能仅仅停留在课文和教参上，也要备备学生方面的内容。

1.备学生语文薄弱的内容

一个班四五十个学生，他们的语文能力强弱情况肯定是不一样的，有的语文知识不够扎实，有的阅读面过于狭窄，有的写作缺乏技巧，有的难以感悟课文真意。但如果从全班总体和某篇课文内容实际来考量，也会表现出共同薄弱的问题。因此，教师在每备一个单元或一篇课文的时候，都要明确大部分学生在这个单元或这篇课文中的知识弱项是什么，需要重点讲授哪些内容，然后确定备课方略，将学生的弱项列为备课重点。

例如，部编本七年级上册《雨的四季》，这是一篇写景散文，也是一篇新增课文，编者安排为"自读"类型。文章的内容并不深奥，看了就懂，读了也畅。但无论城里还是乡下孩子，四季的雨怎么分辨呢，有哪些要素呢，与哪些事物有关呢？这些问题不仅是少年学生的弱项，也是很多成人难以准确表达的，光让学生"自读"，不可能就那么容易解决了。于是教师就以学生的这一弱项为备课重点，分别从四季雨的不同温度、落在不同植物上的表现、雨的来势不同和人们对雨的感受不同等方面来备课，这不仅可以增加学生许多新鲜知识，也教给了他们认识和辨别事物的生活经验。

2.备学生语文陌生的内容

选入部编本初中语文教材中的诗文有一百多篇（首），它们所承载的内容和知识涉及面很广，加上与课文配套的各种知识也是丰富多彩的。对于初中生来说，这些知识有的比较熟悉，有的则非常陌生。教师备课时，就要从学生应该掌握的知识和他们的学习需要出发，来考虑备课重点，不能只从教本、教参和教案本身呈现给教师的那些东西来准备。不备不讲，备什么讲什么，重点备必须重点讲，特别是那些学生感到陌生的知识，要备翔实、备具体，既备进课文，又备到课外。如果与社会生活联系起来，学生的印象就会更加深刻，受益就会更多。

例如，《大自然的语言》这篇课文，以说明为主，重点介绍了物候学方面的有关知识。这对缺乏生活经验和社会阅历的初中学生来说，无疑是比较陌生的。虽然文中通俗浅显地分类介绍了这方面的知识，但相对神秘而变化万千的大自然来说，显然是九牛一毛。怎样备好这篇课文，可确定两个重点内容：一是课文中涉及的有关大自然的"语言"，这是基础，也是最基本的；二是我们平时耳闻目睹获得的大自然的"语言"，这是扩展和延伸。后者是为了补充和丰富前者内容，是课内与课外紧密结合的体现，让它们互相映衬，形成大自然语言的全貌。这类"语言"甚多，要分类梳理，如声音：雷声、鸟声、水声、雨声、虫声、风声；颜色：天色、云色、山色、水色、草色、花色、树色、月色、日色等。这样分类备课，不仅眉目清楚，而且能够开拓学生的视野，增强他们热爱大自然的真情实感。

3.备学生语文疑难的内容

初中生学语文遇到的疑难问题是比较多的，每个人对每篇课文都有难认识、难理解、难消化的问题，只不过疑难的方面不尽相同而已。教师备课的时候，主要备学生的"共难"问题，这样的备课才有针对性，也才能提升课堂教学价值，解决学生普遍存在的疑难问题。

例如，《应有格物致知精神》这篇课文，以议论为主。对于这篇课文的备课与教学，首先应该是"格物致知"四字，"应有"和"精神"是很好理解的。"格物致知"是一个并不常见常用的四字成语，要解决这个疑难问题，其程序并不难，先弄清它的原话出自《礼记·大学》："欲诚其意者，先致其知，致知在格物"，意思是"格，推究；致，求得。即要想使自己的意念真诚，先要使自己获得知识，获得知识的途径在于认识、研究万事万物"。这样标题也即中心论点的意思就清楚了，即应该要有探究事物原理，获得智慧与感悟的精神。解决了这个标题疑难入口，全文论述的内容也就不难理解了。

成语教学生活化

　　成语是语言中经过长期使用、锤炼而成的固定短语，比词的含义更丰富，而语法功能又相当于词，富有深刻的思想内涵，简短精辟，易记易用。生活中无处不用成语，课文中随处可见成语。如果教学时将生活和课文结合起来，使成语生活化，应该是课堂教学非常美好惬意的境界。

　　成语教学生活化，就是要紧密联系现实生活，其目的是加深学生对成语的印象和对课文内容的理解。现实生活是一泓活水，潺潺流淌，每天都是新的，每时都在吸引人们的关注。我们的课文内容，总是过去某种生活的记录和反映，这种时空距离感是客观存在的事实。而一旦将课文中的成语生活化，就自然拉近了课文与现实生活之间的距离。这样教成语、讲成语、学成语，就等于教生活、讲生活、学生活。例如，巴金的《繁星》这篇课文很短，运用成语也不多，总共只有四条：密密麻麻、无处不在、半明半昧、摇摇欲坠。就拿"密密麻麻"来说吧，与生活的联系可密切啦！文中的这个成语是说天上的繁星，那么生活中有这种"密密麻麻"的情形吗？一个问句，马上让学生由课文转向现实生活，于是很多"密密麻麻"的景象如图画般一幅一幅铺展开来："走近一看，原来是密密麻麻的蚂蚁在过路"；"同桌的字写得很小，密密麻麻的看不清楚"；"爸爸的稻谷场上，到处是密密麻麻的红米和黑豆"。有了这些生活景象，再与天上"密密麻麻"的繁星景象结合起来，交相辉映，相得益彰，这是一种多么美好的境界呀！

　　成语教学生活化，就是要反思现实生活。反思的目的是让学生更加客观地认识现实生活并力求改变不完美的现状。课文中的成语"半明半昧"，就是"一会儿明亮一会儿昏暗"的意思，是说天上繁星忽明忽暗的景象，如海市蜃楼、雾里看花，可望而不可即，这是人类在地球上仰望星空所见之美丽景象。教师讲到这个成语时，可让学生联系现实生活中存在的自然和社会实际，捕捉身边"半明半昧"的情形，于是各种类似的景象纷呈迭出："那些灰头土脸的上班族，无奈地行走在半明半昧的世界里，难受极了"；"眼前的景象突然变脸，昨天还是朗朗乾坤，今天就变得半明半昧了"；"我们再也不能对这种半明半昧的朦胧世界等闲视之了"。这就将课文中成语绘制的景象与现实社会紧密联系起来，增加了学生强烈的反思意识和他们试图改变这种现状的坚强意志，教学意义显然超出了成语运用的本身。

成语教学生活化，就是要印证现实生活。印证的目的是让学生不断增强具体细致地观察和描写现实生活的感悟能力。成语言简意赅的特点和它对人事物的形容价值，使之具有其他任何语言现象所无法替代的独特优势。客观地说，成语都是人们对物质生活和精神生活的经验总结。我们学习课文、学用成语，就是将课文中的成语赋予生活色彩，让学生通过学用来感悟成语的生活意义。"摇摇欲坠"是这篇课文中运用的第四个成语，它也是形容繁星的。自下而上望去，这种感觉非常真实。让我们收回目光，面对眼前丰富多彩的客观世界，给你"摇摇欲坠"的感觉有哪些呢？于是各种"摇摇欲坠"的镜头蜂拥过来："躺在床上，望着吊灯，摇摇欲坠，顿时害怕起来"；"成熟的柿子挂在树上，微风吹来，摇摇欲坠，让人产生许多联想"；"我家的木板房建在半山腰里，如空中楼阁，摇摇欲坠"。这些都是对身边世界的观察描写，具体细致，富有神韵。

可见，让成语生活化，是语文课堂教学中难得而珍贵的美妙风景。

教学生在"语海"中游泳

语文教师教学生语文，实际上就是教学生在"语海"里游泳。语文是无边无际的海洋，这里的知识汪洋浩瀚，取之不尽，用之不竭。如果学生能够在语海里自由游弋，也就学好了语文。

1.开始游泳的时候，要选择安全的浅水区

在这里，脚下有海底，身上有水浴，头上是蓝天，时而腾起扑打，时而落地生根，时而被水呛着，时而被水托着，时蹲时站，时爬时仰，有惊无险而刺激，好新猎奇而有趣。我们开始学习语文也如在浅水里学游泳一样，时而识文造句，时而辨音释词，时而如"呛水"弄错了字义，时而如"憋气"读错了字音，时而感到如莎利文小姐在手掌上拼写"doll"一词那样有趣，时而觉得是藤野先生在纠正画错了的血管图。在浅水里活动是游泳入门，与水亲密接触，了解水性，熟知水域；在浅显的知识里游览是语文入门，与语海结下情缘，培养兴趣，为以后畅游语海打下坚实的基础。

2.学会了游泳之后，要尝试去深水里探险

大海深不见底，语文深无穷尽。学会了游泳，就不能总是在浅水里玩乐，这样不但没有进步，也会寡淡无趣，必须到深海里去探险，去接触更大海浪的考验，去领略深水从未有过的刺激。我们在语文的深海里游泳，不要怕语文深不见底，困难重重，也不要怕知识错综复杂，千变万化，万事万物都是有规可循、有序可依的。对比较深奥的知识，要有耐心去认识它，有意志去攻取它；对于复杂的知识，要站到浪头，做弄潮的好手；对从未见过的陌生知识，要转换角度，借助大浪的外力去解决它。

3.游泳时遇到漩涡，要沉着冷静不紧张

游泳常常会遇到惊涛骇浪，漩涡和暗流往往也会随之而来，这是对泳者意

志和生命的考验。如果我们慌乱起来，就会被巨浪卷走，被漩涡吞没。只要我们有高超的泳技，有超强的心理承受能力，就会遇险不惊，遇难成祥。我们的语海里也有惊涛骇浪，也有漩涡和暗流，这惊涛骇浪就是经受严峻考验的期末和升学大考，这漩涡就是语文疑难问题的困扰，这暗流就是模糊问题的转弯抹角。考场上，我们不能被试题的漩涡和暗流所干扰、所迷惑，要镇静自若，想到干扰源的症结所在，想到平时的训练，想到知识的规律，想到答题的技巧，随后便是化难为易，化险为夷，风雨过后是彩虹。如果以这样的情绪去游泳，以这样的心态去解决语海里的问题，就会成为语海里的高手和强者。

4.游泳会碰到鱼儿，要与之嬉戏玩乐

游泳时自然要碰到各种各样的鱼儿。这里有大鱼，有小鱼，有虾米，有藏在泥中的泥鳅、鳝鱼，有喜欢生活在水域中下层和近岸多水草区域的草鱼，有喜欢生活在水域底层的鲫鱼，有海中的巨无霸鲸鱼和鲨鱼。语海里也有这些鱼儿，那些音形义之类的小语知、小问题都是小鱼，那些内容和写法之类的思考探究问题都是大鱼，卷面上的作文题是语文的"半壁河山"，当然就是语海中的巨无霸了。大海中游泳遇到鱼儿，我们可以与它们玩乐，同它们逗乐，其乐无穷，千万别伤害它们、捕捉它们，更不能有把它们当美餐的意识。同样，在语海里遨游，就是与一个个语知类小鱼儿相嬉戏，与一个个探究题和作文类大鱼儿相识相知、相亲相爱，进而成为掌握语海基础知识和基本技能、驾驭巨无霸、畅游语海的行家里手。

5.游泳有各种技巧，要成为全能冠军

学蛙泳，俯卧起伏，直臂划水，两腿屈伸有致，好似青蛙入水；学蝶泳，两腿并拢鞭打，两臂同时抱划，犹如蝴蝶奋飞；学仰泳，身体四肢舒展，腿臂配合和谐，两臂轮流翻风；学自由泳，身体伸展如船，两臂打水如风，动作小巧轻快，如利箭飞速前行。如果成为游泳全能冠军，你就是泳海精英。语海里同样需要全能高手，学蛙泳，"俯卧"于阅读的字里行间；学蝶泳，"抱划"于写作的风口浪尖；学仰泳，"舒展"于读写听说之间；学自由泳，"如船"在语文的各个海域里扬帆远航。

练笔贵在"添油加醋"

"语文怕作文,数学怕证明",这是广大中学生常说的顺口溜。学生怕作文是普遍现象,一到写作课,一到作文评讲,他们就紧张起来。为什么他们怕作文?问其原因,是作文没话写,记事只交代事件,或记流水账;写景仅点明对象,或者掠影浮光;抒情光空喊口号,干瘪瘪、瘦巴巴的。他们经常叹道:"搜肠刮肚'搜'不到,冥思苦想'想'不出。"写作的学问和奥秘虽然很多,要解决这种结症,让练笔丰富起来,"添油加醋"倒不失为行之有效的好方法。

在我们的语文活动中,常以"添油加醋"比喻叙述事情或转述别人的话,为了夸大,添上原来没有的内容。这"添上原来没有的内容"正是"添油加醋"的特征所在。"添油加醋"就是为了让所写的内容丰富多彩,不空洞,不漂浮,实实在在,真真切切,具体可感,触手可及,读之见形象,嗅之有香味,摸之有质感,如一棵枝繁叶茂的苹果树,这就达成了添油加醋的效果。

例如,"我们来到雪地里,我拿起雪球,向爸爸砸去,一下子打中了爸爸的屁股,我们都哈哈大笑起来。"这句话出自习作《打雪仗》,共有五个小句子,一句话一个意思,每句话都是交代性的,没有具体内容,犹如五根树枝而没有叶子、五条筋骨而没有血肉一样。这根本不是在"打雪仗",也不是在写作文。如果对其实施"添油加醋",内容就具体丰富了。"我抓起一把雪,揉成一个滚圆晶亮的雪球,对准爸爸的屁股,使劲砸去。雪球像离弦之箭,'嗖'的一声朝爸爸飞去。不偏不倚,正好打在弯腰抓雪的爸爸的屁股上,一朵雪莲花刹那间绽放开来,我们都哈哈大笑起来。"这是真打雪仗,有动作,有表情,有状貌,有曲折,有声音,有色彩,有过程,有结果,使原有内容得到了极为具体丰富的表现,这就是添油加醋的效果。

"添油加醋"实际上运用了借代手法,"添加"是动作,借代主要体现在"油醋"上,这是以部分代整体,以"油醋"代指做菜时的一切添加之物,如添盐加糖、添葱加蒜、添姜加辣、添酒加酱等。写作中的添加内容和对象更为丰富多彩。如果要使自己的写作成果有滋有味，就要"添盐加糖"。俗话说"精淡无味"，没有盐分入菜，自然难以激起人们的食欲；没有糖分入肴，当然谈不上甜美。初学写作者的用词造句往往给人生硬干涩之感，没有润泽，没有韵味，平平淡淡，简简单单，自然要我们"添盐加糖"。

例如，"吃晚饭的时候，我特意给了大狼狗几块大骨头，我摸了摸大狼狗那毛茸茸的头，看着它高兴地啃骨头，我乐了。"这段文字选自习作《玩》。这里虽然有"我乐了"的结果，好像很好玩，可是读之仍然觉得没有什么玩味，原因是并没有把"狗啃骨头"的具体情形生动活泼地表现出来，当然显得"寡淡无味"，那就添点盐加点糖，"两只前腿死死地抱住骨头，嘴里不时地舔着、啃着，半眯着小眼，左顾右盼。突然骨头往地上一滑，狼狗敏捷地往前一扑，牙齿与骨头的摩擦发出了'咯咯'的声响，喉咙里还'哼哼'地叫着，突然'咔吧'一声，骨头碎了。"你看，这段文字把狗啃骨头的细节写得多么传神，味道十足，甜意浓浓，因为它"添盐加糖"了。

如果要使自己的练笔成果富有刺激性，就要"添姜加辣"。"姜"是辣的，辣椒更"辣"。写作上的"添姜加辣"就是给自己的练笔文字添加一些姜辣元素，以释放自己的内心情绪，感染读者的热辣激情。如小河哭诉道："岸上的人们，你们听着，我以前是那么的清澈，你们为什么尽往我身上泼污水，让我变得蓬头垢面的，你们有罪啊，你们将逃脱不掉正义的惩罚！"这些文字如姜汤在泼洒，辣水在奔流，不仅发泄了习作者内心的愤怒，也给那些破坏环境的人以有力的抨击。如果没有这些辣性文字，即使表达了相同的意思，也没有这么令人警醒的巨大力量。

"通不通"与"好不好"

　　"通不通"是指语法需要解决的问题,即语言文字的运用是否符合语法规律,是否通顺畅达;"好不好"是修辞需要解决的问题,即是否能够通过恰当的修辞手法,让语言表达准确鲜明,生动形象。"对不对"是逻辑需要解决的问题,即推理是否正确,是否符合事理。它们特点不同,各司其职。现就"通不通"的语法与"好不好"的修辞所涉及的有关知识和问题,稍加阐释。

　　"通不通"研究的是组词造句规律,从语法规则和习惯着眼,看句子是否畅通,怎样才能顺达,如"小明高高兴兴地走在放学的大路旁",明显不通,应为"小明高高兴兴地走在放学的大路上"。"好不好"研究的是如何提升语言运用效果的方法和规律,从表达上着眼,看说得好不好,用得佳不佳。怎样才能说得好、用得佳,如"树上的柿子涨红了脸"运用了拟人方法,生动形象,比没有运用修辞的"树上的柿子已经熟了"的说法明显要好出很多。

　　"通不通"是写作入门的最基本要求,无论习作是长是短,哪怕只有几百字,各句之间也都应该如顺流江水,滔滔滚滚,毫无阻隔。试想,如果句子都说不通、造不好,还能写好作文吗?"好不好"是作文中的佼佼者,是使表达增光添彩、熠熠生辉的最便捷行为,如"一到夜晚,门口五光十色的霓虹灯就亮了起来"这个句子,没有毛病,非常通顺,可是它不美,给人的只能是一般化的印象。如果换成"门口五光十色的霓虹灯,如万花筒般闪烁生辉,流光溢彩",这个句子运用了比喻方法,比原句就优美形象得多了。

　　"通不通"涉及的语法知识非常广泛,字词句、音形义,特别是比较复杂的单句复句、句式类型、句式变换、文言特殊句式、句群等。实际上,学生一走进教室,就要学拼音、认字、写字、组词、造句等,这些大都属于语法知识,不可能一开始就学比喻、拟人、排比等。正因为如此,无论是学生的学还是教师的教,都应该先学和先教语法"通不通"的内容,让学生在良好顺畅的语言环境中成长，而不受杂乱语言环境的消极影响。"好不好"涉及的知识点并不多，修辞格就十几种，而常用的主要有比喻、拟人、夸张、排比、对偶等几种，其难度比语法小，复杂程度也比不上语法。

"通不通"与"好不好"的关系，前者是基础和前提，后者是提升和追求。前者在于为语言修路，让句子间、段落间紧密联系起来，过渡自然，畅通无阻；后者在于为语言点染加色，使之色彩明丽，美不胜收。前者是为了净化语言环境，使之没有问题，没有坎坷，没有路障；后者是为了美化语言环境，使之充满情趣，充满韵味，充满文学色彩。可见，语法、修辞既有密切联系，又有明显区别，应从不同角度去要求、去训练，分门别类，一一知会，各个击破，方可获得理想的学习效果。

"通不通"与"好不好"都是一种问题式理性概念，要通过感性来认知，通过实际运用来解决。可是，现在的语文教材对这两个基础知识的基本态度都不明朗。"通不通"的语法知识是以"附录"的身份出现的，而且语法知识在各类试卷上销声匿迹已经许多年了。"好不好"的修辞状况，无论是部编人教版还是苏教版，课本里都没有安排专题，连"附录"中也无它的座次，只是因为它在考试中有分数，各类考卷上经常可见它的情影，所以才享有了"此时无声胜有声"的特殊地位。

"好不好"是在"通不通"的基础上发展起来的，是让语言运用锦上添花，是求美求佳的主要途径之一。现在"通不通"的知识取消了，"好不好"就失去了生存的基础，自然就成了"空中楼阁"。试想，连语法都"不通"的句子，它还有可能谈得上"好"吗？期望可以改变这一现状，让教材、教学和考试之间"通"起来，然后才能"好"起来。

如何"打磨"小说主题

语文教学的过程就是打磨教材的过程，就是让教材流光溢彩的过程。无论何种体裁的课文，教学的重难点都是对主题的打磨，这是因为主题总是隐藏在字里行间，通过提炼才能获得。也就是说，除了主题之外的其他内容，如时间、地点、人物、事件、环境、论点、论据等都比较具体实在，可圈可点，易于明确。可见，打磨主题既是打磨重点，也是打磨难点。现以打磨《孔乙己》这篇小说主题为例。

1.通过人物打磨主题

小说中的人物特别是主人公，应该是主题的主要体现者。但人物在作品中不是静止的，而是活动的，变化的，发展的，或清晰分明，或时隐时现。对于人物的打磨，首先要弄清他们的踪迹，在每个踪迹转换处，在人物命运发生变化时，都是值得打磨的关键。打磨的主要内容是人物的表现，通过表现来分析其人品和人格。表现可通过阅读寻找获得，而人品则通过分析才能明确。打磨完成之后，再将人物的前后表现及其品格联系起来，便是人物鲜明的特点，从人物方面打磨的主题也就清晰起来。例如，主人公孔乙己的表现及其显示的主题有：要酒（好喝的特点）、偷书（懒做的特点）、教"回"字和破长衫（迂腐善良的特点）、断腿（受迫害的程度）、欠账（虚伪的特点）。将它们联系起来，主题的各个侧面就会一清二楚，从人物方面打磨主题的任务也就完成了。

2.通过情节打磨主题

小说的情节是作品的主干，是展示人物个性特点的依托，通常是为塑造人物服务的，相对于人物与主题来说，它只是重点内容，却不是主要方面，因为人物的言行举止是情节的重要元素。情节是分阶段推进的，每个阶段的任务不同，对主题所产生的作用程度就有差异。开端：第一次到店、喝酒罩豆、与孩子说话、被笑被讽，是主题好喝懒做在这个阶段的表现；发展：酒店议论、第二次到店、断腿惨状、被人取笑，是主题被毒打受戕害内容在这个阶段的展示；高潮结局：孔乙己死了，是主题科举教育毒害在这个阶段的最后体现。从情节上打磨与从人物上打磨有着密切的联系，因为人物就是通过情节的形成发展来刻画完成的。

3.通过环境打磨主题

小说的环境分为自然环境和社会环境，打磨环境就是对这两个环境进行具体认知和反复摩擦，使之从源头上揭示人物命运造成的社会根源，重点是社会环境。环境是人物活动和情节形成的土壤，孔乙己活动的自然环境是咸亨酒店，天气是秋风悲凉；社会环境是长衫者、掌柜、荐头、丁家、何家组成的有钱集团，是孔乙己周围嘲讽者和议论者等冷漠的看客。这样的环境能容得下孔乙己吗？有孔乙己的生存空间吗？通过打磨，使我们认识到，孔乙己的死不是他个人的遭遇，而是社会的悲剧，主题是极其深刻的。

4.通过语句打磨主题

语句是指课文中的关键句子，即能够体现和揭示主题的句子。对这种句子进行综合分析，反复打磨，就是对主题的不断认识和强化。《孔乙己》重点打磨的句子是"店内外充满了快活的空气"，它在文中两次出现，形成反复。打磨的角度有：孔乙己只是笑料，孔乙己的人生价值如是，孔乙己毫无人格可言，周围人们无聊冷酷至极。实际上，这些都与主题密切相关，都是对主题的打磨。

5.通过词语打磨主题

通过词语打磨主题就是确定一个能够体现作品主题的重点词语，进行由浅入深、由此及彼的分析打磨。本文以"唯一"为重点词语，打磨的过程是：他是站着喝酒而穿长衫的唯一的人，强调了他身份的特殊性；给周围人们带来笑料的唯一的人，强调了他的全部人生价值；因偷书而被打断了腿的唯一的人，强调了他的好喝懒做；说话之乎者也的唯一的人，强调了他的卖弄迂腐；又穷又饿又冷而死的唯一的人，强调了科举制度的毒害；粉板上欠账的唯一的人，揭示了孔乙己的虚伪性。可见，通过重点词语打磨，对主题的发光闪亮更有意义。

活用教材有"三变"

《西游记》中的孙悟空可谓家喻户晓，人人皆知。他是一个疾恶如仇、武艺高强神话人物，它最大的本领是"七十二般变化"。我们的语文教材虽是一个平板静止的固定之物，一旦像孙悟空一样，具有"七十二般变化"，课文内容就会顿时活起来，动起来，发生出人意料的奇异变化。我们学习的每篇课文的篇制都是定型的，内容结构、体裁形式、语言文字也都客观呈现在那里。具有"七十二般变化"后，就可以让课文在不断变化中焕发出青春的活力和耀眼的光辉。

1. 变量

变量就是增加或减少课文的容量。课文的篇幅有长有短，涉及的人事物景有多有少，如记叙文描写了几个人物、变换了几个地方、叙述了几件事情；说明文介绍了哪些事物或知识，运用了哪几种方法，说明对象有哪些特点；议论文运用了几个事实论据、引入了几则警句名言等。这些都是可以量化的，通过量化来认知文本的基本内容和作者的写作意图。具有"七十二般变化"后，课文就会灵动起来，既可以让文中所写的人事物景变少，也可以让它们变多。

例如，《敬业与乐业》的第六自然段末，作者引用了孔子两则关于"兴趣"的名言，这时教师就可充分调动学生的知识储备，让他们增加有关兴味方面的名言，结果有：①"学问必须合乎自己的兴趣，方才可以得益。"（莎士比亚）②"只有热爱才是最好的教师，它远远超过责任感。"（爱因斯坦）③"哪里没有兴趣，哪里就没有记忆。"（歌德）④"天才就是强烈的兴趣和顽强的入迷。"（木村久一）⑤"一个深广的心灵总是把兴趣的领域推广到无数事物上去。"（黑格尔）这五个引用，无疑是对原文论据和容量的增加，当然属于量的变化。

2. 变异

变异就是变化出与课文某个方面内容或对象大不相同的新东西。课文中所写的人事物景已成定势，是不能更改和变换的。但是为了教学需要，为了加深对课文的印象，为了学生获得更多的知识，完全可以像孙悟空那样，将自己变成松树、麻雀、鱼、蛇、乌鸦、苍鹰、白凤、老虎、龙虾、螃蟹、萤火虫等动植物。这样就将课文中作者所用的人事物景，变为与原文迥异的崭新对象。先变异，后感悟，综合分析，就能深切体会到作者用墨的独特匠心。

例如，《老山界》这篇课文里有这样一段描写："耳朵里有不可捉摸的声响，极远的又是极近的，极洪大的又是极细切的，像春蚕在咀嚼桑叶，像野马在平原上奔驰，像山泉在呜咽，像波涛在澎湃。"这里主要是写战士们夜晚睡在半山腰上寂静无声却又感觉到听出各种"声响"的情景，运用了比喻和排比的手法，涉及四个对象：春蚕、野马、山泉、波涛。通过活动，学生们如孙悟空那样，大胆变起来，出现新的对象有：蜜蜂、蚂蚁，大象、野牛，山洪、瀑布，波澜、波粼等。先将它们分别放进原文，然后要求学生感悟意境的变化，从而深切感受到作者的比喻之妙和意境之美。

3. 变无

变无的意思就是化为乌有。教学时对课文中有些内容、段落或语句，也完全可以像孙悟空，使之立马消失。例如，教学《白杨礼赞》时，就可以将开头和结尾两段文字变无，"汽车在望不到边际的高原上奔驰"就变成了开头；"我赞美白杨树，就因为它不但象征了……尤其象征了……朴质、坚强，力求上进的精神"就变成了结尾，结构仍然完整。然后进行比较，说明有无这个开头和结尾的结构意义的变化，学生定然获益匪浅。

结课要有力

　　"结课"的概念有三：一个阶段课程的结束，一篇课文讲授的结束，一堂授课教学的结束。本文所说的"结课"主要是指后二者。这样的结课应该怎样做才符合要求呢？很简单：结课要如"豹尾"那样刚劲有力。"豹尾"之说是元代乔梦符谈到写"乐府"的章法时提出的观点："作乐府亦有法，曰凤头、猪肚、豹尾六字是也"，它涉及"凤头""猪肚""豹尾"三喻。其中，"豹尾"通常是喻指乐曲、诗文坚劲有力的结尾，本文则是喻指一节课教学的结尾，特指教师"结课"的结束语。它要求我们"结语"不能拖泥带水，软弱绵长，要像豹尾一样雄劲有力。

1.内容要有力

　　这是结课如"豹尾"的内容标准。有力就是有力度，有力量，不是软软绵绵的，不是啰啰唆唆的。教师的每节课教学即将结束时，自然要对这节课的情形简单概说一下，不可能随着下课铃声响起，突然夹着教本就走。其内容或针对课文素材呈现，或针对学生课堂表现，一般情况下前者居多。无论是什么体裁或内容的课文，无论是课文已经全部授完还是只完成一半，下课铃声响起之前，教师都应该有一个结课寄语，它既意味着这节课马上就要结束了，又激发学生某种学习情绪，让他们浑身充满着无穷的力量，这是结课内容雄健有力所产生的显著效果。例如，《春》的结课用语：同学们，春天是美好的，春天是灿烂的，春天是播种的季节，播种的是希望，是未来，是前途。"一年之计在于春，一生之计在于勤"。我们正处在人生的春天，我们正在绘制春天的蓝图。让我们以勤奋学习来丰富自己的春天，以豪迈姿态去迎接热情洋溢的夏天吧！这个结课将课文之《春》的内容与学生之"春"的年龄，很好地结合起来。既强调现在春天的重要，应该怎么做，又把笔触伸向未知人生的"夏天"，具有明显的号召性和激励作用，内容有劲，充满力量，学生听了这个结语，定然会豪情满怀，激情满腔。

2.表达要流畅

这是结课如"豹尾"的表达标准。表达在写作上通常是指记叙、说明、议论等基本方式，这里是指教师结课时口头输出的有声语言。要使这种语言如"豹尾"那样有力有劲，除了普通话好、声音洪亮、音色富有魅力之外，教师的用语还必须流利通畅。"黄河之水天上来，奔流到海不复回"，一往无前不受阻，这就是有力；"飞流直下三千尺，疑是银河落九天"，滚滚向前不中断，这就是有劲。教师这样用语结课，就会深深地影响学生的思想情绪，激发他们随着老师话语的流淌，从课文出发，气势恢宏地流向远方。例如，教学《散步》这篇课文，即将下课时，老师这样结语道：作者一家散步结束了，我们这节课也已到了尾声，课文形象具体地告诉我们，亲情是生活中永恒不变的主题，是在"年年岁岁花相似"中无声的流露，它需要我们用一生的光阴来践行，用一世的奉献来完成。亲情不单是父母无条件的付出，更应是儿女们无言的回报。让我们每位同学的家里都永远洋溢着亲情，永远流淌着至爱吧！这个结课，从作者到课文，从课内到课外，由父母到儿女，由现实到未来，如顺江之水，一泻千里，一路前行，畅达无阻，充满了自然力量。

3.语言要精短

这是结课如"豹尾"的语言标准。语文教学的结课用语最忌啰唆冗长，此时快要下课，学生的思维活动接近尾声，结语过长，就会拖延无力，影响学生接受效果。语言精短涉及两个概念，一是用语要简短，尽可能在百字之内完成；二是句式要短促，尽可能不用长句，这也是结课有力在词句上的要求和体现。例如，教学《最后一课》的结语：一堂普通的课，一位普通的老师，一个普通的学生，在不普通的背景下呈现，浓缩了爱国情感，感动了每位读者。特别是最后片段，激发人们高呼："法兰西万岁！"这就是爱国的呼声，这就是文学的力量。这个结课只用了11个短句，听来激越响亮，铿锵有力，掷地有声，洋溢着战斗豪情。

寻"最"活动意义非凡

选入初中语文课本的诗文总共达一百多篇（首），它们在内容和形式上各具特色，各有优势，如果某个方面或某个内容具有的优势，即称之为"最"。开展中学语文寻"最"活动，就是要学生在学完一些课文之后，找出某个方面之"最"。

寻"最"活动是在比较中完成的。寻"最"时，要求学生对中学所有课文的内容和形式，都要滚瓜烂熟，了然于胸。只有这样，比较时才能依据在手，信手拈来，让人心服口服。

寻"最"活动最好在某个学段结束时候进行。如八年级下册的课程结束以后，仅仅上了四本书，九年级两本教材还没有接触，就无法拿来作为寻"最"对象；如果只对前四册课本之"最"进行比较，当然是可行的，但显然缺少更多的例文印证，比较的价值就会大打折扣。

寻"最"活动具有温故知新的特点。到了九年级和高二下学期，初高中快毕业了，对初中语文六本书和高中必修五本书的内容和形式有必要来一次全面的检阅、清晰的梳理和完美的总结。这就是温故知新，既是回顾三到五年来的语文学习经历，也是课文里众多的人和事、景和物、情和理来一次分类展览。

寻"最"活动富有居高临下特点。比较时要求学生站在"泰山极顶"，俯视整个初高中阶段教材，"一览众山小"，高屋建瓴，让课文一幅幅剪影、一张张图画尽收眼底。

寻"最"活动对写作具有启发性。为什么那篇课文表现出某种"最"来，从某种意义上说，它的成功之处就在于这个"最"上，这就在无形中间接地指导了学生的练笔。

寻"最"活动容易激发学生情趣。这种带有总结和回顾性的活动，通常在学段快结束时进行，这样的课、这样的活动，学生从来也没有尝试过，甚至从来也没有见到过、听说过。所以，他们的兴趣会油然而生，并积极主动地投身于活动之中。

寻"最"活动主要以学生为主体。寻"最"活动是在师生共同配合下完成的。教师是主问一方，如"选入初高中语文作品最多的一位作者是谁"；学生是主答一方，但是答要以课文为依据，自然要翻看课本或凭印象，否则就答不出来。学生的主体地位就这样落到了实处。

寻"最"活动的过程极为弥足珍贵。教师每给学生一个关于"最"的问题，学生都要花较大工夫来看书、比较、讨论、回忆、归纳，然后才能获得某种答案。结果只是结论，而过程则是重温课本知识，增强记忆效果。

寻"最"活动成果一定要记录在册。记录在册就变成了资料，复习迎考时可以用，写作练笔时可以用，阅读欣赏时可以用，甚至考场应试答题时也可以用。因为成"最"的内容已经理性化，已经入脑入心，用来也比较方便。

寻"最"活动案例：跨越时间最长的是《女娲造人》；跨越空间最大的是《天上的街市》；运用民谚最多的是《看云识天气》；选入中学语文课本作品最多的作者是：鲁迅；外貌描写最多的是《祝福》；细节描写运用最多的是《范进中举》；对比最充分最工整的是《有的人》；运用对偶句最多的是《岳阳楼记》，12个；文言文判断句运用最多的是《醉翁亭记》，17个；"笑"字出现最多的是《孔乙己》，14次；情节最滑稽最有讽刺性的是《变色龙》；运用象征手法最多的是《海燕》；感情最悲伤、最沉痛的是《爸爸的花儿落了》；运用感叹号最多的是《雷电颂》，48个；省略号运用最多的是《故乡》，27个。

这些体现课文之"最"的佳篇，在学生的寻"最"活动中，纷呈选出，意义非凡。

语文课堂的刨根问底

语文课堂充满着文字、文学、文化等内容，充满着语文味和文化氛围。这样的课堂是弘扬刨根问底精神的极好场所。语文课堂刨根问底的意义，主要有三点：

刨根问底可以激发学生积极探究的热情。一切学问都是从问开始的，问是前提，是引子，是发端。问的对象是学生，他们就要思考，就要讨论，就要寻求答案，特别是那些有趣味、有深度、有广度的问题。那些具有问题环链、可以问得学生张口结舌、哑口无言的问题，更会引起他们的好奇，他们不服输、不怕难、争强好胜的欲望就会在"问底"中愈加强烈。

刨根问底可以使课文某种知识境界迭生。刨根问底的基础必须是课文中的对象，或语文知识，或人物特点，或事情细节，或景物特征等。每问一次，便刨深一层，新的境界即掀开一层，学生的知识就更进一步。这样越问越有难度，越问越有深度，直至问题见底才罢。

刨根问底可以让课堂充满热烈的气氛。问由教师始，答从学生来。但是学生又不可能乱答，且不是每个问题学生都能答出答对。对于那些一时无法作答的问题，学生之间自然要展开讨论，见仁见智。课堂也就因此活跃起来、热闹起来，冷场尴尬的局面在这里就会逐渐消失。

可见刨根问底的精神对于语文课堂教学来说，是一剂治疗学生懒惰的良方，是一把活跃课堂气氛的钥匙，是使课堂教学上规格、上档次的重要体现和主要途径之一。

语文课堂刨根问底的内容，重点涉及两个方面：

一是对某种语知的刨根问底。在课堂教学中，单独讲授语知的机会极少，一般都是随机性的灵活分析。讲解时，既要联系课文语境，又要走入课外天地，走到实践运用中来，走到火热的生活中来。其基本方法是：语知对象→主要意思→引申意义→生活意义。在刨根问底中，加深对语知意思的了解和印象，扩展知识宽度，产生举一反三、由此及彼的认知效果。例如，泰戈尔的《金色花》中有这么一句："我暗暗地在那里匿笑，却一声儿不响。"教师抓住"匿笑"一词，开展刨根问底活动，呈现出如下这些问题："匿笑"的意思是什么？匿笑是一个词还是两个词？"匿"的书写笔顺是怎样的？"匿"可以组成哪些双音节新词语？它的同义词有哪些？它的反义词有哪些？"匿"字可以组成哪些四字成语？"匿笑"是否发出声音？"匿笑"表现了文中"我"的什么特点？你在生活中有过"匿笑"的经历吗？这十个问题，有的能够现场答出，有的需要查字典词典，有的必须联系课文实际和现实生活，有关"匿笑"及"匿"字的方方面面知识，通过刨根问底的方法，充分展现出来。

二是对某种内容的刨根问底。对课文内容刨根问底的领域，要比语知广泛得多，可问的材料也更为丰富。特别是课文的重点、难点、疑点、拐点、亮点之处，更值得去刨根问底，因为对这些地方的刨问，就是对重难点的打造，就是对主题的打磨，越问内容会越深刻明朗。例如，《最后一课》说韩麦尔先生是一个"可怜的人"，这句话单独成段，刨根问底如下：为什么说他是一个"可怜的人"？"可怜"在文中是专指什么？谁认为他"可怜"？说他"可怜"传达了怎样一种感情？"可怜"体现了何种感情基调？这句话在文中单独成段有何意义？先生自己也感到"可怜"吗？造成他"可怜"的原因是什么？怎样改变他"可怜"的现状？这个"可怜"与我们平时常说常用的"可怜"有什么不同？这十个问题都是从内容上提问的，基本上构成层层递进的关系，让学生在问中思考，在问中连带全文内容，在问中明确和突现主题。问到了最深处，也答到了最穷点。

"点拨"要分两步走

"点拨教学法"是安徽省著名特级教师蔡澄清先生创立的。他认为：所谓"点"，就是点要害，抓重点；所谓"拨"，就是拨疑难，排障碍。其立足点在于结合中学语文的教与学实际，具体落实启发式教育原则。在蔡先生的倡导下，这种教法能在全国各地普遍推广开来，不仅是其实践性、操作性很强，更主要的是解决了很多教师特别是年轻教师教学入门问题。但是在相当长的一段时间里，"点拨"被当作一个整体意思来定义，视之为同一个意思的合成词。实际上，"点"与"拨"是两个词，也是两个概念，运作时自然要分两步走。

第一步是"点"。蔡先生认为"点"是"点要害，抓重点"，他是从教学主要内容上来说的。笔者以为，除此之外，"点"还应含有"指点""指向""指定""明确""敲击"等意思。它是这种教法的起始阶段，是在点拨对象不明情况下的一种提示行为，意在明方向、明对象、明目标。对于这个步骤，确定者无论是教师还是学生，都要经过阅读、判断、思考、选择的过程。可见这个"点"既是指被指点的对象，是名词；也是说敲击一下，是动词，相当于电脑鼠标的点击一样。这两个意思合在一起，就是点拨教学法第一步的全部含义，其中重点还是用于动词的点击。因为对象不明、目标不清，是无法进入下一步行动"拨"的。所以，"点"一定要点精准，点具体，点正确，点到位，切不可笼统的点，模糊的点。如果"点"得不恰当、不具体，也就无法实施"拨"，导致"拨"的盲目与失败。

例如，《斑羚飞渡》结尾一句话："它走了上去，消失在一片灿烂中。"这句话有十个词语，指"点"哪一个或哪几个词语来"拨"呢？就颇费思量，经过阅读理解和分析，"走""消失""灿烂"等三个词语都可作为"拨"的对象，点"走"可表现老羚羊的坚决与勇敢，从行动描写角度来"点"；点"消失"可展示老羚羊的悲剧结局，从人类危害角度来"点"；点"灿烂"可突出老羚羊精神的崇高和伟大，从事情结果和深远意义角度来"点"。如果结合主题来看，这三个词语都可以确定为名词性的所"拨"之"点"，也都可以成为教师或学生的指"点"。

第二步是"拨"。既然指"点"已经明确，接下来就是"拨"了。与"点"相比，"拨"要重要得多，因为"拨"是打磨，是打造，是分析理解，是鉴别欣赏。俗话说，"灯不拨不亮，理不辩不明"，"拨"是灯亮的原因，灯亮是"拨"的结果。如果灯不"拨"，它就不会变亮，如果理不辩，它也就不会明朗。"拨"是针对"点"来实施的，"拨"的层次越多，开掘"点"的内容就越深；"拨"的方面越多，铺展"点"的范围就越宽。"拨"的过程就是理解、思考、分析，就是从不同角度来认识事物、明辨是非。因此，教师要不断启发学生层层剥笋，直剥至笋的最内层；学生要在教师的指导下不断挖掘，直挖至问题的最深处。对于所"拨"之点，要尽可能从广度、深度、正面、反面、务实、务虚等多角度来实施。

仍以《斑羚飞渡》结尾这句话为例，如果以"走"为所"拨"之"点"，"拨"的内容可以有："走"体现了老羚羊毫不犹豫的坚决态度；"走"表现了老羚羊敢于牺牲的大无畏精神；"走"是对人类猎杀野生动物罪恶行径的有力控诉；"走"给年轻的羚羊以巨大的生存力量；"走"表明了野生动物在地球上存活的艰难；"走"是野生动物被人类戕害虐杀的事实佐证；"走"是一种被迫无奈而又无助的选择；"走"是让人类贪婪愿望彻底失败的宣言。可见，"走"是颂歌也是悲歌，是精神也是力量，是铁证也是控诉，是揭露也是抨击。

这些针对"走"的所"拨"内容，有广度，有深度，有正面，有反面，涉及众多角度，可视之为示范的典型。

可见，"点拨教学法"就是要先"点"后"拨"，一定要分两步走，方可产生奇效，才符合循序渐进的教学规律。

嘈嘈切切错杂弹

　　课堂教学节奏问题，大部分老师不去关注和研究，认为这不算个问题，不值得小题大做。在他们的课堂里，教学随意性很大。我们不说教学节奏有多大问题，也毋言节奏与教学质量关系怎样密切，单是节奏对教学效果产生着明显的影响，就应该让人倍加重视。特别是语文学科的教师，教学节奏更为紧要，因为语文是汉学、文学、美学，无论是散文还是韵文，教学节奏都至关重要。

　　假定语文教师是一个弹奏琵琶的高手，如果从恰当合理的角度来考虑，其理想的节奏应该是"嘈嘈切切错杂弹"。这是白居易《琵琶行》中的句子，"嘈嘈"，是指琵琶的声音沉重抑扬；"切切"，是指琵琶的声音急切细碎。这里是喻指教学节奏"错杂"交互，"混杂"有致，使课堂显得抑扬顿挫，时而紧锣密鼓，时而闲庭信步。

　　遇内容厚重、基调沉郁的课文或内容时，就要"嘈嘈"而弹。"嘈嘈"在琵琶弹奏上是用大弦，缓慢而深沉，在教学上适用于情感浓重深厚的内容。教师这时可放慢节奏，一边放低声音讲授，如敲闷鼓，字字句句震撼心灵；一边让学生深入文中，感受作者此时浓重而深沉的情感，时高时低，波澜起伏。这样作者、学生和教师三者感情就会浑然一体，共振共鸣。这是采用了恰当的节奏所产生的教学效果。

　　例如，教学《背影》这篇课文时，教师要转换角度，身临其境，感同身受。这样教师的教学语言自然沉郁顿挫，教学节奏缓慢前行，以低沉丰富的情感来讲授教学内容。特别是在两个地方，充分表现出节奏对内容的控制和影响作用，一是父亲过铁道买橘子的内容，二是作者读父亲来信的情节。以后者为例，教师一边深情地朗读，一边动情地分析讲解："我读到此处，在晶莹的泪光中，又看见那肥胖的、青布棉袍黑布马褂的背影。唉！我不知何时再能与他相见！"这是儿子的第三次落泪，是伤心之泪，是思念之泪，是牵挂之泪。特别是父亲信中"大去"的内容，让作者想到父亲的殷殷关爱、种种好处，儿子敬爱父亲之情，在这泪光中沉积，在这泪光中融化，在这泪光中宣泄，在这泪光中升华，拳拳之心，念念之情，凄切动人，平淡之中见真情，质朴之里蕴深意，感人肺腑，催人泪下。父亲爱护儿子、儿子敬爱父亲的主题，通过这封信、通过这泪光，得到了充分而形象的展示。

教师讲授时，深沉的腔调和缓慢的节奏如"嘈嘈"弹奏，如闷雷，如重鼓，沉重地敲击着学生的心灵。他们个个神情凝重，课堂鸦雀无声。可见他们的听课情绪受到深切的感染，每个人的心里都在流淌着亲情的潮水，恰当合理的教学节奏产生了显著效果。

遇内容欢快、感情热烈的课文或内容时，就要"切切"而弹。"切切"在琵琶弹奏上是用小弦，在教学上适用于情感活跃、情节细密的内容。可以这样说，选入课本的作品，大多为情感积极向上、结构典型、语言生动活泼和内容丰富多彩的佳篇，教师采用的教学节奏，应该为潇洒洋溢，娓娓道来，如春夜喜雨在轻轻洒落，如春蚕咀嚼在微微私语。学生在这样的教学节奏中，才能真切地感受课文带给他们的美感和享受。

例如，教学《春》这篇散文，就应该采用"切切"而弹的节奏，时而如暖风拂面，时而如微雨润肤，时而如蝴蝶停驻，时而如蜜蜂回旋。下面就是教师开篇讲析的一段话："盼望着，盼望着，东风来了，春天的脚步近了。""盼望"连用，对春天的渴望之情呼之欲出。春天未来，先写春风与脚步，未见其人，先闻其声。以"脚步"拟人，仿佛春天正走近我们，形象生动，引人关注。她究竟何时来到我们身边呢？请接着往下读。这里以短句为主，洒脱活泼，轻松自然，音韵铿锵，节奏明快，极富感染力。

教学节奏是教学过程中最基本的运动形式。"嘈嘈""切切"不仅是指两种节奏的形象比喻，也代指了各种教学节奏特点，"错杂"又是这些特点的融会贯通。在语文教学中，要尽可能掌握好速度的快与慢、搭配的动与静、流程的起与伏，这些都是节奏问题。

教研论文是"炼"出来的

写教研论文是每个教师都必须具备的基本素质，也应该是语文老师的强项，但事实上并不是每位语文老师都是拿笔能写的巧匠，都有教研论文发表。结合笔者的长期写作体会来看，高质量、有新意的教研论文是每位语文老师自己坚持不懈"炼"出来的。

1.教研论文是争分夺秒"炼"出来的

写论文不是一日之功，要有丰富的知识积淀，有足够的耐心，有强烈的意识。在此基础上，还要分秒必争，不让点滴时间溜走，不让丝毫机会丢失。朱自清先生是这样形容时间流逝的："洗手的时候，日子从水盆里过去；吃饭的时候，日子从饭碗里过去；默默时，便从凝然的双眼前过去。我觉察他去的匆匆了，伸出手遮挽时，他又从遮挽着的手边过去，天黑时，我躺在床上，他便伶伶俐俐地从我身上跨过，从我脚边飞去了。"鲁迅先生对时间的概括更是令人警醒："生命是以时间为单位的，浪费别人的时间等于谋财害命，浪费自己的时间等于慢性自杀。"我们写教研论文，如果以这些警语为座右铭，争分夺秒，见缝插针，不愁写不好论文，不愁没有教研文章发表。

2.教研论文是不甘失败"炼"出来的

写教研文章，如果作为学习练笔，那是一种情趣，为自己的收藏，不存在功利可言。如果想让它发表出来，得到社会和同行认可，就得不怕退稿，不甘失败。初写教研文章，总是很难对路，困难重重，挫折多多，诸如文笔问题、经验问题、功底问题等都暴露无遗。但不论是什么问题，将稿子投出去是硬道理。不写不知道，不投不知道，一写一投方知自己有几斤几两。笔者先后给三家杂志分别投出了12篇论文，结果不是"泥牛入海无消息"，就是"黄鹤一去不复返"，总是"春风不度玉门关"，当时真的气馁至极。但我是一个不服输的人，"自古无不写的文章，如不继续写它一写，如何甘心"。就这样，勤奋笔耕，孜孜不倦，终于恒心搭起通天道，皇天不负有心人，一篇篇教研论文随时间流驶而纷呈迭出，发表的文章越来越多，连那投出去没采用的12篇论文，重新整理后又有3篇发表出来。可见不甘失败，持之以恒，就有机会占据报刊一角。

3.教研论文是摈弃玩乐"炼"出来的

玩是人的天性，每个人都会与玩结缘。可学生是玩不来成绩的，农民是玩不来丰收的，教师是玩不出文章的。一名普通的语文教师，要想在教研上有一番作为，有超群的建树，就必须解决"玩"的问题。一天24个小时，除了备课、上课、吃饭、睡觉之外，还有大量可供自己支配的时间，如果玩乐起来，几个小时不知不觉很快就消逝了。马铁丁在《俭以养德》一文中说得好："物质的追求和安逸的生活可以分散人们在工作、劳动、学习上的精力；还可以养成人们拖拉懒散的作风。"我们要写教研文章，时间有的是，可如果玩起来，又觉得时间不够用。

解读课文犹如"解剖麻雀"

"解剖麻雀"是一个成语，比喻在从事某项工作之前，先选择一个有代表性的事例进行试验分析，以获取经验。本文是指通过对某篇课文深入细致的解读分析，从中获得对课文有关内容的深刻认识，是一种形象具体、行之有效的解读艺术。

从这个意义上说，"解剖麻雀"应如"庖丁解牛"，经过反复实践，掌握了事物的客观规律，就会得心应手，运用自如，不愁解读不好课文这只"麻雀"。对于一位教学有素的语文教师特别是教学多年的老教师来说，重复或不重复地解读各类课文已经不下几百篇，让这样的"庖丁"来解读课文麻雀，何愁不能"游刃必有余地矣"。

在这样的比喻下，课文就是一只完整的麻雀。课文篇幅无论长短，课文体裁无论诗文，解读时都可当作一只完整的麻雀来解剖解读，教学时便能居高临下，产生分项突破的教学效果。

课文的标题就是"麻雀"之名，这是解剖对象的名称。标题命制得好不好，是否漂亮；标题用字多不多，是长是短，给人以美感还是质感，通过解剖就会一清二楚。例如《走一步，再走一步》这只"麻雀"，标题含有反复强调意味，将哲理寓于具体的动作形象之中，应该是一只言简意赅、美感质感俱佳的小麻雀。

课文开头就是麻雀的"头部"，解读课文、解剖麻雀首当其冲的是头部。头部是否开门见山，直达胸臆；是否慢慢引渡之后才点题。不同的头部有不同的意义，解剖的方法就有所差异。例如，《羚羊木雕》的开头"'那只羚羊哪儿去啦？'妈妈突然问我"。这个开头就是开门见山，是个"小头"，直点标题，直置悬念，直入情节，直达主干，语言简洁精约，给人以强烈的吸引力。

课文收尾就是麻雀的"脚部"，解读课文、解剖麻雀的最后阶段是脚部。

脚部是否丰富沉稳，厚重实在；是否刚劲有力，落地生根；是否小巧玲珑，点到为止。不同的脚部就会显示出不同的特点，在文中有着不同的作用，当然解剖的方法也就有异。例如，《闻一多先生的说和做》的结尾："他，是口的巨人。他，是行的高标。"这个结尾是总结全文，是一双厚重强势的"大脚"，坚劲沉稳，具有鼓舞人心、气壮山河的巨大力量。

课文的主题句就是麻雀的"心脏"，是解读课文、解剖麻雀的重中之重。应该说，每篇课文都是有主题句的，它是作品中心思想的凝结点，抓住这个句子进行解读解剖，就等于对麻雀的心脏进行全方位的认识，就是对课文主题进行全面打磨。例如，《再塑生命的人》的主题句是"啊！世界上还有比我更幸福的孩子吗"，解读时只要两问两答即可解决问题：一个双目失明、双耳失聪的孩子为什么是世界上最幸福的人呢？那是莎莉文老师给了"我"生活下去的勇气，觉得活着有意义、有力量。莎莉文老师是一个怎样的人呢？一个给"我"深爱、再塑"我"生命的人。这样解读解剖，问题、主题、标题一箭三雕，非常全面。

课文主体的各个重要方面是麻雀的五脏六腑，解读课文、解剖麻雀时应分块进行。每只麻雀的五脏六腑应该是基本相同的，而课文所写的重要内容又是千差万别的，解读时可根据课文实际分别认知，各个击破。例如，《最后一课》主要写了四个方面的内容，"路上见闻"可视之为呼吸过渡的"肺腑"；"教室气氛"是容量较大的"肠胃"；"上课情景"是"肝脏"，敌人入侵，使韩麦尔肝火旺盛，怒火中烧；"下课时刻"是"脾脏"，韩麦尔先生的运化情感达到了最高潮，血液往上奔涌，无力自持，只能"呆在那儿，头靠着墙壁"。这样，就将《最后一课》这只麻雀解剖得清清楚楚。

可见，解读课文犹如解剖麻雀，需要认识到位和运作技巧，更需要高屋建瓴地审视。

写作接力活动好

对于学生来说，写作犹如半壁河山；对于每个有志于笔耕者的人生旅程来说，写作将是他们的终身伴侣。现在的课堂写作活动，效果一般不大理想，特别是学生，大部分对写作没有什么兴趣。这种把它当作任务、包袱的心理状态，是写不好作文的。无论何种教育教学行为，都要蕴含趣味因子，变成快乐教育，它才有广阔的发展前景。有趣的课堂写作活动是多种多样的，关键是教师要想方设法改变那种传统陈旧的作文教学方法，千方百计给学生增加写作趣味。写作接力活动就是其中充满浓厚兴味的有效训练方法。

写作接力活动来自民间丰富多彩的"接龙游戏"。常见的接龙有：成语接龙、聊天接龙、吹牛接龙、数字接龙、造句接龙、词语接龙、谚语接龙等。正因为接龙是一种多人参加妙趣横生的游戏，充满激烈的竞争意识和无限趣味，所以将其融入写作活动之中，才显示出写作接力的优势。

写作接力活动就是以"接力"形式，来完成"写作"任务。也就是说，全班同学共同参与，来完成某一篇文章、某一道命题的写作，众人拾柴火焰高，大家同唱一台戏。集体智慧、团结合作的精神可在这里得到充分体现。

写作接力与游戏"接龙"在形式上是一致的，只是在本质和内容上有明显区别。正因为如此，这种写作活动才富有情趣，引人入胜。但是写作接力难度要大得多，因为它是人们现场创作想象的结果，而不是记忆成果的再现。这就给学生以严峻的考验和强烈的刺激，他们要求积极表现的欲望也就由此被点燃。

写作接力，顾名思义，就是把不同体裁或类型的东西，以继续的方式上下联系起来，一个接着一个，一句接着一句，一段接着一段。如果一直无止境地续下去，以记叙为主就形成了长篇故事；以议论为主就变成长篇宏论。也可以在接力之前就规定好，六七百字、八九百字即可，有头有尾，与语文课程标准要求中学生应该写的字数大致相当，以体现针对性和实用性。这种接力难度要明显降低，也就是说，写作接力篇幅越长，文字越多，难度越大，也就越有挑战性。

写作接力可以分组进行，也可以分人担当，还可以全班一体。如果是前者，教师要同时命制四道题目，同时写四篇文章，每组一篇，第一排写开头，最后一排写结尾，中间有几排写几段（同桌两人共写一段）。同时写，异时接，接不上者即时改，务要接得紧凑，接得天衣无缝、浑然一体，才符合接力要求。

如果是分人担当或全班一体，则由教师临时选出几个人来，或者分组各推荐两个人来，或主动站出来勇敢自荐，形成临时团体和比赛格局。接力形式可以是稍做准备，现炒现卖，写好后再接力；也可以是直接口头抢答。无论哪种情况，最好以段为单位，段落可长可短，但意思一定要接得紧凑、接得巧妙、接得自然和谐。不可以句为单位，那就变成了造句接龙，对于中学生来说，也就降低了难度，失去了接力的意义。

写作接力是一种即时创作行为，讲究的是随机应变，快速成文，难免有些粗糙，甚至有接不上茬的情况。这时就要及时修饰，如裁缝成衣、瓦匠勾缝一般，使上下文形成有机衔接。衔接时，下文要服从上文，因为上文是不管下文的，这是原则，也是前提。如果修饰，也是修下文；接不了上文，是接者的失败。

游戏的外壳里包装着创作的内容，所以趣味性只是形式，是服务于内容写作的，只能以形式促内容，不能以形式代内容。因此，运作时要讲究创作之"质"，提升接力之"值"，千万不能庸俗化，不能忘记创作的主旨。

在写作接力活动中，学生要始终站到台前，成为主动出击的创作者和接力者，教师在关键时刻充当指导、把控角色，最后要将接力成果缝合成文，至此才算完美收官。

写作接力活动就是好！

阅读课贵在联想迁移

就内容来说，语文课堂教学主要是阅读教学，所以历来语文教材给每个单元课文确定的名称都叫作"阅读"。无论是教师的教还是学生的学，都是通过阅读这一基本途径来完成认知、理解和赏析课文任务的。阅读是以视觉为媒介物，如果发声，又要以听觉为传声筒，但是它们都是次要的，主要的是大开脑洞，激活思维，通过大脑的能动智慧来产生作用。英国哲学家培根说："书并不以用处告人，用书之智不在书中，而在书外。"这里的"在书外"就是联想和迁移，从书本里走出来。俄国剧作家、诗人克尼雅宁也告诉我们："读书有三种方法，一种是读而不懂，另一种是既读也懂，还有一种是读而又懂得书上所没有的东西。"这"懂得书上所没有的东西"就是联想和迁移。所以，语文阅读贵在联想，只有通过联想，阅读者才能知疑善思，举一反三，闻一知十。

1. 接近式阅读联想

这种联想是指在阅读时由某个词语或句子所承载的内容，联想到与之相近的另外若干新的内容，阅读和所想的内容在时间或空间上比较接近，并通过有关经验将它们有机地联系在一起，即我们通常所说的"睹物思人""见鞍思马""触景生情""爱屋及乌"等，这是学生在阅读中首先必须具有的可贵品质。接近联想在阅读教学中的运用最为普遍，字里行间都可以尝试。教师要具有这种联想点拨意识，特别是与主题、情感或重难点有关的词语，要不失时机地拣选出来，让学生进行接近联想，以获得更为丰富多彩的新内容、新情境、新事物、新景象。例如，《台阶》中有这么一句话："他抽了一筒，举起烟枪往台阶上磕烟灰，磕了一下，感觉手有些不对劲，便猛然愣住。"教师便将这"磕"字提取出来，让学生由此展开接近联想，获得的内容有：父亲是用烟袋锅抽烟；父亲具有抽烟的习惯；父亲抽的是廉价的黄烟；黄烟是由烟叶切成烟丝制成的；父亲很穷抽不起两头通的纸烟；父亲为了造屋和九级台阶，要节省一切开支；当时的父辈农民抽的都是这种黄烟；父亲很爱惜自己造的新台阶；父亲抽烟就是在歇脚"磨刀"。这些都是通过对"磕"字的联想而获得的崭新而丰富的内容，大大开拓了学生的阅读视野。

2. 类似式阅读联想

这种阅读联想是指阅读时由一事物想到另一事物、两事物或多事物在特点、性质或色彩上是同类，进而产生某种新的内容。很多比喻和象征都是借助这种联想，其中情感常常起着重要的中介作用。"人以类聚，物以群分""合并同类项"等情形就属于此种阅读联想的佐证。而这种联想阅读的本质就是触类旁通，可以掌握了解这一事物的变化、趋势及规律，从而类推了解同类的其他事物的变化、趋势及规律，以扩展未知领域，增加新鲜知识。阅读时通过课文中目击的"此"，来联想获得与之同类的"彼"；课文中的此类是"这一个"，而阅读联想时获得的彼类则是"那一个"或"那些个"。例如，《白杨礼赞》中白杨树的特点是"坚强不屈"而"有极强的生命力"，在大千世界里，具有这种特点的植物不胜枚举，通过学生之口列举的就有："野火烧不尽，春风吹又生"的小草，"千磨万击还坚劲，任尔东西南北风"的竹子，"墙角数枝梅，凌寒独自开"的梅花，"坚刚老不枯，允哉东山麓"的松树。这些类似联想获得的新植物、新形象，就坚强不屈的生命力这一点来说，它们都是白杨树的同类。

3. 对比式阅读联想

这种阅读联想是指由所阅读的知识点刺激而产生的与本知识点完全相反或根本对立的联想，即由一事物想到与之相反或相对的另一事物，如由沙漠想到森林，由光明想到黑暗，由高山想到流水。这种联想可以称为"逆转阅读"，通常能够使阅读者既看到事物的正面，又看到事物的反面。因而它能促使阅读者解难释疑，走出迷津，获得真知，有所创造。例如，《敬业与乐业》中有一句话："我想天下第一等苦人，莫过于无业游民。"那么"天下第一等乐人"是什么人呢？由此联想，形成相反领域，便是对比联想。

鉴赏课贵在描绘达情

在很多语文老师的眼里，鉴赏课是比较难上的，但是不上又不行。因为语文课程标准里有关于鉴赏的要求，中、高考卷面上也有鉴赏类的题项和分值，这些都是回避不了的，无奈之下，教师只好硬着头皮学着上。鉴赏课确实难上，难就难在这种课型很容易与枯燥无味联姻，而教师又必须把它上得有声有色，情趣盎然，让学生感到不枯燥，有趣味。可鉴赏课毕竟不是考场答题那么简单，那是在"写"；也不像平时欣赏诗文那么轻松，那是在"读"。课堂教学是通过教师的教学行为，来启示和引导学生对诗文进行阅读与鉴赏，以点燃学生热爱诗文、热爱鉴赏课的激情。一旦学生爱上了这种课型，那什么问题都迎刃而解了。怎样让学生爱上鉴赏课，鉴赏课应该怎么上呢？

1. 将鉴赏课上成描绘课

这里所说的描绘，不是指学生现场描绘诗文中的人和事、景和物，更不是现场绘图作画，而是指教师在教学时所用的语言具有描绘特质，将诗文中的鉴赏对象即某个人、某处景、某种物、某件事，活灵活现、栩栩如生地展示给学生，诗文中的人事物景，就变成了触手可及的具体形象。也就是说，通过教师形象化的口头语言，将学生的听课情趣尽可能调动起来。随着教师的讲授，学生就会情不自禁地身临其境，感同身受。例如，《天上的街市》中写到许多天上的景物，教学时可以选择某个意象作为课堂教学的描绘对象，就像下面对意象"美丽的街市"的描写那样：

> 街市的外围，隐隐约约，若有若无，虚幻缥缈。乳白色的云雾，随着轻风，弥漫而来，又弥漫而去。一阵阵仙风微微拂过，一团团琼雾轻轻飘来。这时，美丽的街市由暗而明地呈现在眼前，先是忽暗忽明的轮廓，后是明畅明丽的金街。这是一条宽敞干净的大街，街道两旁，摆满

了各种物品，五颜六色，琳琅满目，随意可取。大街由南向北延伸开去，看不到尽头，望不到边际，再向远处是隐隐约约的南天门……

教师通过这样具体形象极富渲染性的语言，绘声绘色地描写了天街"美丽"的景象，自然将学生的听课情绪，一下子激发起来。如果考试以"美丽的街市"为对象进行鉴赏，这无疑是比较理想的答案。

2.将鉴赏课上成达情课

达情即抒情，通常有两种情况：一是直抒胸臆，又叫直接抒情，心中有怎样的感情，就怎样抒发出来，不隐蔽；二是借助景物，就是间接抒情。鉴赏课上成达情课，主要是指前者的直抒胸臆，就是不借助任何别的手段，直接表白和倾吐思想感情，以感染读者，引起共鸣。这里主要是指通过教师直截了当的抒情性语言来宣泄某种情感，进而打动学生的心灵。这样的课所用语言的要求需要表情达意真切，抒发感情强烈，节奏明快，精短语句为主，从而有利于教师抒情语言的顺畅表达，有利于学生听课情绪的充盈饱满。例如，对苏轼《水调歌头》中"但愿人长久，千里共婵娟"所进行的鉴赏达情：

"婵娟"既是指嫦娥，又代指明月，更喻那人间美好的情境！感情通过理智来驾驭，理智带着感情去飞翔，诗人将感情和理智融为一体，飞向远方，希望每个人都能够健康长寿，每个家庭都能够团圆美满！这不是暂时的自我安慰，这是长远的希冀与美好的想往！为了不让佳节的离愁别恨窒息美好气氛，为了将诗歌的情感送达高潮，诗人便把揪心的寂寞寄托在明月的照耀下，寄托在美好的愿望上，寄托在纯洁的心灵里！人能长久吗？他乡的明月能永远灿烂吗？都未可知，但真诚热烈的希望和坚定的信念，可以战胜一切黑暗，可以让故乡的明月永驻，并走向光明的未来！

教师的教学语言要具有非常强烈的抒情性，才能使学生在听课中受到鉴赏激情的洗礼，激发他们对鉴赏课的喜爱之情，这是一种抒情美与语言美紧密结合的产物。

修辞教学动态化

修辞教学是整个语知教学的重要组成部分，其中对偶是常见的修辞手法。它通过两个字数相等、结构相似、词性相同的语句，来表现相同相近或相对相反的意思。在语言中，对偶是一种修辞方法；在生活中，对偶又被称为"对联"或"对子"。每当春节之时，千家万户的大门上都要贴上表示喜庆和辞旧迎新的对联。从某种意义上说，我们现在常用的修辞手法中，对偶的渊源最为久远，已经在历史的长河里流淌了几千年。有关出句、对句、上联、下联、首联、尾联、新桃、旧符、平仄等概念，都属于对偶的专用名词。从考试升学、生活实用和社会价值来看，任何一种修辞方法都没有对偶运用得这么广泛和普遍。所以，修辞中的对偶教学就显得至关重要。

何为教学动态化呢？就是针对某个或对偶或非偶的句子，摒弃概念化说教，而进行频繁变化式的运作比较，在运作中分析对偶是否严整，在比较中认识对偶是否恰当，然后进行调整、修改和润色。通过这样的动态教学活动，加深对对偶知识的印象，进而掌握对偶方法，用好对偶，为语知学习和现实生活服务。

> 小草微微笑，请从旁边绕

这是城市有草坪的地方大多可以见到的公益广告语，端端正正地写在或方形或圆形的广告牌上，插在草坪里，清楚地告诉人们，小草在给我们传递着温馨的微笑，我们要绕开它们，不要踩着它们，让它们愉快地自由自在地生长，以美化我们的生活环境。这是一幅多么暖心的景象、多么惬意的图画。从语文角度看，它虽然是由两个分句组成，上下句都是5个字，字数相等，貌似对偶，可如果将它们一一对应比较，与对偶相差甚远。但是我们可以通过对它进行修改，使之变成对偶，这就是动态教学。

怎样改成对偶呢？从降低难度来看，最好改动容易构成对偶的某一句，这里即保留上句，修改下句。修改的原则是每句仍限5个字，保留原意。在教师的启发下，在师生的互动中，答案诞生了："小草微微笑，大人慢慢绕"。"小"对"大"，都是形容词；"草"对"人"，都是名词；"微微"对"慢慢"，都是叠式形容词；"笑"对"绕"，都是动词。从词性上来看完全成对，那么从内容和意境上看怎么样呢？

在学生充分思考活动的基础上，大家觉得有两点不妥：一是"大人"，说明小孩子是不需要"绕"的，这是以偏概全，值得商榷，应该修改；实际上每个人都是要绕着走，天真活泼的孩子们是顽皮好动的天使，最容易在草坪中撒欢，他们更要"绕"。可见，改为"大人"在对象上是不恰当的，应该改为"人们"或"行人"或"游人"等。二是"慢慢"，这个叠词主要是说明速度缓慢，而"微微"就是稍微的意思，表明笑的程度，不是开怀大笑、爽朗大笑。如果要符合意境的话，最好也要用程度性的叠词才能符合"微微"的要求。最好将"慢慢"改成"悄悄"或"轻轻"。于是这则广告语就变成了这样的对偶句："小草微微笑，行人轻轻绕""小草微微笑，游人悄悄绕"。言下之意是人们路过此处的时候，动作幅度要小，不要发出声音，不要惊扰了小草安静微笑的美好状态。这是重点修改下句。

如果重点修改上句，难度肯定要大一些。在教师的启发下，学生讨论极为热烈，呈现了许多对偶例句，其中比较恰当的是："草在园中笑，人从旁边绕"。"草"与"人"是名词相对；"在"与"从"是介词相对；"园中"与"旁边"是方位名词相对；"笑"与"绕"是动词相对。上联动了三个字，下联改了一个字，与原广告语的主要意思完全一致。

修改后的这两则广告语节奏明快，音韵铿锵，从语法、修辞、意境角度看，比"小草微微笑，请从旁边绕"要优美得多、有趣得多。可见运用对偶方式来设置广告语，可以增加广告的美感和创意。在动态中教学对偶知识，可以获得理想的教学效果。

语文知识教学应有个子丑寅卯

语文知识具有独立性和综合性。独立性是针对某个语知的基本义来说的，如"日"的本义是指太阳，而非月亮、星星和其他事物。综合性是针对某个语知的多义来说的，也即它的引申义、比喻义、特殊义等。仍以"日"字为例，它的意思可以有：①白天，如"日有所思，夜有所梦"；②时间、光阴，如"日久见人心"；③一天天，如"世风日下""与日俱增"；④日期、日子，如"指日可待""来日方长"；⑤一天，如"千里江陵一日还"，等等。因此，我们在学知识、读课文的时候，要对知识深入了解，子丑寅卯尽收眼底，这样获得的知识才有深刻的印象，才能真正属于自己。

笔者为什么会有这种感受呢？最初源于外甥玩乐情景。外甥两三岁的时候，常在双休日来我家玩一天。他每拿到一个新东西，都要左看看，右瞧瞧，有时候还要翻过来瞄瞄底下，有时又打开来窥窥里面，用手摸摸有棱的地方，放到耳边听听，用鼻子嗅嗅，往脸上贴贴。这孩子对事物强烈的好奇心真的让人感动，也因此给了我们许多有益启示，其中最重要的一点是认识事物、掌握知识要有子丑寅卯的精神，不能停留在它们的外表，不能静止地、孤立地来对待我们的所教和所学。老师的备课教学，学生的听课学习，特别是针对那些需要重点掌握的知识，如果都能这样认知，由浅入深，无疑会产生理想的获得效果。

1.子丑寅卯就是多角度动态认知

世界上的万事万物都是在运动的、变化的，呈现在我们面前的客观世界、摆在我们面前的课本与课文，通常情况下是静止的、原生态的，呈现的知识也是客观的。但是，我们作为学习的主体，作为对事物的观察，对知识的阅读、认识和理解的人，则应该动态地去认知，变化地去观察，多角度去思考，让所及知识得到科学而深刻的展示。例如,《社戏》中有一句话"但在我是乐土",这句话出自课文第一自然段,其主要意思是"对我来说平桥村是个快乐自由的地方";重点作用是对前面进行转折,体现的词语是"但",对后面具有领起价值,体现的标志是冒号。如果对这句话有了这些认识和分析,也就大致完成了解读的基本任务。可是与我们多角度动态认知尚有很大距离,如这个"但"字是针对什么来转折的?于是自然要向前溯读,才知是针对"极偏僻""都种田,打鱼""只有一家很小的杂货店"等内容转折的,这样一落实,背景就出来了;又如这里为什么对"我"是"乐土",于是自然引着我们去思考,才知是"我"受到了这里一群小伙伴的"优待"、免念"秩秩斯干幽幽南山"、还与他们一道"掘蚯蚓""钓虾""看戏""偷豆"等,处处事事都有新鲜感,这就将下面课文内容都联系起来;再如对双喜、阿发他们这里是不是"乐土"呢?于是思维又深进一层,加进了假设虚拟想象事物,丰富了小说的未知内容,是读者积极参与作品创作的表现。

2.子丑寅卯就是多层次深入研究

课本中呈现的各种知识,无疑都是表象的,如我们平时见到的日月星辰、鸟兽虫鱼一样。可就在它们的表象里面,蕴藏着无穷无尽的知识和秘密。我们观察事物、阅读课文,不能停留在事物的表面,要通过我们大脑的思维能动作用,由浅入深、由表及里、从现象到本质地深掘下去,直到知识深层。例如,《从百草园到三味书屋》中有一句话:"读的书多起来,画的画也多起来"。这句话的表面意思有两个,一是读的书在不断增加,二是画的画在不断增多。内涵的深意有哪些呢?通过多层次深入分析,动态运作,表现了作者听课不专心的实情,说明了老师讲课不生动、课堂枯燥无味的状况,暗示了作者具有绘画的天赋,表达了此时鲁迅自悔的心理,批评了封建旧教育只重读书的弊端,揭示了老师只重教不顾学的结症。这样深入研究,不断深进,获得的知识就丰富多了。

讲练结合怎样练

学生课堂之"练"是将教师之"教"化为学生语文能力的最好途径之一，但是光有"练"的名目还不行，还要"练"得科学恰当有效。这就涉及怎样"练"的问题。

1.要有"练"的发端，化大为小

这里的"发端"是指教师在课堂上及时布置给学生的现场实"练"，是"练"的开始。不是学生自由随意的"练"，要有鲜明的针对性；"化大为小"是指教师将编者设计的课文后面某道大题中的若干小项分解开来，然后就某个小项进行练习。统编版"教读课"设有"思考探究"和"积累拓展"两类习题，其中前者多为主观思考题，后者多为语知题或联想题。教师在布置学生"练"的时候，一般是针对某个小题的。化大为小的目的是化整为零，化难为易，便于学生课堂短时训练，及时完成，有利于对课本重难点内容逐一突破。这样的"练"具有消化课文和解决课后练习的双重意义。例如，《社戏》"思考探究"中的第二题："作者在叙述事情的过程中，融合了描写、抒情、议论等多种表达方式，以本文所写的某件事为例，具体分析这些表达方式各自的作用。"这里涉及"描写、抒情、议论"等三种方式的作用，老师在设题时，可以就某一种方式让学生训练，如讲到第11自然段的时候，就让学生当场分析"描写"的作用。设置的题目是："这个自然段的景物描写对写人有何作用？"经过当场训练活动之后，达成了共识，即"这段景物描写，文笔优美，情景交融，充满了梦幻朦胧的色彩，表现和烘托了孩子们前往看戏途中极为愉悦欢快的心情"。这个练习至少完成了该道习题的三分之一。

2.要有"练"的过程，环环紧扣

课堂上教师安排学生为理解课文而进行的训练，虽然不像大考那么正规，但如果从训练效果上来看，也必须强化每次"练"的过程，克服随意性，讲究严谨性，强调少而精。也就是说，一节课如果有三四次训练，每次三四分钟，对学生认知和把握课文是极有助益的。①学生各自为政，独立思考，以个体动笔为主。此时同位之间可以相互讨论，彼此补充，形成初案。②鼓励学生自由发言，然后分组推荐代表，以个体动口为主。③针对大同小异的答案，让学生各抒己见，重点评品答案的对与错、优与劣，形成辩论格局，以集体活动为主。④教师将自己在备课时已经备好的参考答案公之于众，并阐发道理，让学生参与评判，从中受到启发。在这一过程中，充分发挥学生的主体作用，让他们畅所欲言，充分表现。例如，《社戏》"思考探究"第三题："豆是很普通的豆，戏也是让'我'昏昏欲睡的戏，但是文章最后却说是'好豆''好戏'，对此你是怎样理解的？"习题涉及两个对象，一是"豆"，二是"戏"，就字面承载的内容和我们的阅读感觉来看，这两个方面并不觉得有多么的好。对此，教师要求学生化大为小，可就"豆"或"戏"任意选择一个进行现场实练，分析原因，讲清道理，可以站在读者的角度，也可以换位思考站在文中"我"的角度。练习时，按照上面所说的四步运作，扎实跟进，环环紧扣。尽管有的答案不怎么正确完美，但只要靠近答案即给以点赞。最后教师将自己备课时拟定的答案屏显出来，并让学生对照自己的答案，认真比较，看有多大差距，同在何处，异在哪里，从中获得体会和收获。

> 对"好戏"的理解答案是：在看戏过程中，那平桥村优美的自然环境，那单纯率真亲密无间的孩子们，那看戏现场毫无隐晦的随性议论，那孩子们真诚对"我"、处处为"我"的深情厚谊等，都是好戏的内容，都给我留下了深刻难忘的印象，都是值得"我"永远怀念之"好戏"。

可见，如果从讲和练的效果上来考虑，课堂上学生配合教师的"讲"和围绕教材的"练"是有讲究的。它应该是教师有准备、有计划的精心安排，应该是学生现场操练、及时完成的硬性任务，而不是教师在教学过程中毫无准备的临时起意，也不是让学生随便活动一下走过场，更不是令学生读读课文、查查词典那么简单。

散文课要教得形散神聚

一堂好的语文课，应如一篇优美的散文，"形散神聚"，美不胜收。特别是教学散文这种文学体裁的课文，更应该体现充盈饱满。这里所说的"形散"并非指散文表现手法和语言形式灵活多样，"神聚"也非指作品的主题思想高度集中，而是指课堂教学形成的状态要表现出"形散神聚"的特点。"形散"是指采取各种各样的教学手段，如朗读、探究、课件、分组、质疑、表演、辩论等；"神聚"是指解决的教学主要问题要非常明确集中，如主题、人物、重点、难点、疑点等。在"神聚"上打磨得越充分，"形散"上采用的方法越丰富，这堂散文课的教学呈现就越精彩，教学效果就越好，学生受益就越多。因此可以说，把散文课教得如散文一样"形散神聚"，应该成为每位语文教师孜孜以求的最高层次。

1.教学时要念念不忘"神聚"对象

不忘"神聚"就是不忘教学的重点和难点，不忘教学中需要解决的主要问题。作为课堂教学的主导者教师，必须牢牢记住这个宗旨。"神聚"像一盏明灯，亮在心里，挂在前方，教师要对准目标，在明灯的照耀下，精准严格地向前行进。一堂课解决的主要问题很可能不止一个，但不管几个都要有主次之分，主要问题是课堂教学的主干，其他问题都是主干上的枝叶。例如，《白杨礼赞》这篇抒情散文，它的"神"实际上就是"赞美"与"不平凡"的合成体，二者具有因果关系，正因为白杨树的"不平凡"，所以才值得激情"赞美"。因与果必须紧密结合起来才是主题的全部，才是凝聚的"神"，切不可分开来认知，那就是分家，就是分道，就是分"神"。教学时，教师要紧紧扣住这个"神"来展开教学活动，或依据课文首句"白杨树实在是不平凡的，我赞美白杨树"的排列次序，先因后果；或倒装过来"我之所以赞美白杨树，是因为白杨树实在是不平凡的"，先果后因。因与果要合在一起同步推进解读。可是有的教师在教学这篇课文时，只抓住一个"不平凡"，或者只抓住一处"赞美"，这就必然造成顾此失彼，导致主题内容不完整，"神"则难"聚"也。

2.教学时要多多落实"形散"措施

这里的"形"是指课堂上师生为解决"神聚"而采用的各种方法。"形散"是外在表现，是通往"神聚"的各种路径，是课堂上师生开展的丰富多彩的活动。明确了"神"的具体对象和内容之后，就要考虑从哪几个方面对"神"进行打磨，使其流光溢彩，光彩照人；采取哪些方法对"神"进行推举，使其鲜明突出，鹤立鸡群。决定运用各种手段的原则是科学合理，恰当自然。仍以《白杨礼赞》为例，课文之"神"是"赞美白杨树的不平凡"，采用哪些"形"来解决这个"神"呢？"形"之一是修辞：明确多处"不平凡"的复沓咏叹、首尾"赞美"的反复、白杨树特征的拟人、第七段四个"难道"的递进排比、"伟丈夫"和"好女子"的比喻等；"形"之二是绘画：请喜爱绘画的同学明确将白杨树的形貌绘制到黑板上；"形"之三是课件：明确白杨树的衬托之物，编成知识卡片，松树"屈曲盘旋"、柳树"婆娑"、楠木"直挺秀颀"；"形"之四是图示：明确结构缜密、首尾圆合的彩色圆圈图形；"形"之五是范读：播放名家朗读录音；"形"之六是分析象征与拟人的近亲关系：由远而近呈现白杨树的形象，由浅入深揭示象征意义。这些"形散"手段，由教师及时驾驭转换，学生充分活动，有声有色，异彩纷呈。教学时，整个课堂氛围轻盈欢快，又似春柳扶风，摇曳多姿，呈现出美不胜收的喜人景象。

小说课要教得引人入胜

小说以故事情节引人入胜见长。学生之所以热衷于看小说、听小说，喜欢上小说课，是因为小说的故事性强，容易引起他们的阅读兴趣。如何把小说课教得引人入胜，不是单靠小说情节的引人入胜来吸引学生，也不是老师只给学生讲其中美妙动听的故事而取悦于他们，而是要把课堂气氛设置得具有引人入胜的情节性。也就是说，课文内容的引人入胜与课堂氛围的引人入胜和谐相应，彼此作用，形成共振，共同构设小说课扣人心弦的理想境界。

1.善于设置引人入胜的情节氛围

无论是语文课还是其他学科的课，从教师走进课堂到下课走出教室，如果将其记录下来，都可以成为一篇情节曲折、波澜起伏的小说，如都德《最后一课》的情节那样。教师的提问要学生作答，这就制造了悬念；一个问题接着一个问题的问与答，就是课堂一个悬念接着一个悬念的起与落；学生将问题回答得圆满甚至富有创意，响起热烈的掌声，这就是课堂皆大欢喜的高潮；有时发生了冷场现象，促人深思，这就为情节造势宕开一笔；有的同学给予的答案与正确答案差之甚远，这是情节的曲折跌宕。一句话，小说课堂呈现的氛围应该如一篇引人入胜的小说，才符合课堂教学特别是小说这种文学样式的教学要求。例如，《驿路梨花》这篇小说，如果上得引人入胜，教师就要始终设悬式的疑问，这个"问"就是随着课文情节内容的不断深入而使课堂气氛不断紧张起来，设置的主要情节问题有：

①小茅屋有哪些特点？②小茅屋的主人是谁？③小茅屋的主人是不是瑶族老人？④小茅屋的主人是不是哈尼族小姑娘？⑤小茅屋的主人是不是哈尼族小姑娘的姐姐？⑥小茅屋的主人是不是解放军叔叔？⑦小茅屋是不是没有主人？

在这七个问题的设置之中，将学生紧紧吸附在"小茅屋主人是谁"这个情节上，他们一面读书寻找答案，一面交流达成共识，始终被寻求答案的紧张气氛推动前进，直至文末也不知道屋子的主人是谁。但又似乎有所醒悟，答案就在这个诗句的"处处开"上，弄清了喻义：屋子没有通常意义上的独立的主人，那些来自四面八方的雷锋式的人物又都是它的主人。至此掌声四起，课堂活动情节也达到了空前高涨阶段，并很快落幕。这样教学，小说别具一格的情节内容就与课堂引人入胜的氛围融为一体，产生了显著的教学效果。

2. 善于设置引人入胜的环扣导语

教学小说的课堂要表现出引人入胜的特点，关键取决于主导作用的老师。如果将课堂状态变成一汪波澜起伏的活水，必须依靠教师主观意识的掀动，而不是一味地指望学生如何主动积极地参与创造。特别是教学小说这种文学体裁的课堂，教师更要表现出引人入胜的机智，让学生在动人心弦的氛围中轻松愉快地听课，饶有情趣地学习，开心快乐地提升语文综合能力。在教学小说课文时，教师要做到这一点，首先要在设置导语的环节上动些脑筋，想点办法，也即导语要具有引人入胜的环扣特点。仍以《驿路梨花》的两则导语为例：

①同学们，当你走在望不到边际的深山老林的时候，当你此时已精疲力竭、干渴难熬、饥饿难耐的时候，当你面对日落西山、薄暮冥冥、进退两难的时候，你会自然想到如果有点水喝、有口饭吃、有个地方住下来，那该是多好啊！结果怎样呢？

②同学们，小茅屋的故事实际上是人的故事，因为屋是人造的，不是原生态的。他们是些什么人，为什么要在这深山老林里造这么一间特别的小屋？这又是怎样的一些人呢？

这两段导语文字，前者是为情节设置的，意在捋清情节发展的各个阶段；后者是为人物设置的，意在梳理其中所写的各种人物。这些导语，先是通过抒情性语言尽情渲染，将同学们的激情火花点燃起来，然后再配以问句，将他们的注意力引入新的课文内容、新的教学环节里。这就给课堂赋予了引人入胜的情节。

诗词课要教得浮想联翩

不少语文老师感到，诗词教学无章可循，很难把握。不明白学生需要哪些知识，不知道怎样解读才符合诗词教学的规律，特别是现代诗歌的教学更是无所适从。《义务教育语文课程标准（2011年版）》中有"背诵古代诗词"的硬性规定，中高考卷面上的默写题型将课标要求落到了实处。但选入中学语文课本里的现代诗歌从不进入大考默写行列，教师上课又不能回避它们，学生也自然不能跳过它们，怎么办呢？

叶圣陶先生说过："读诗不仅要睁开眼睛看文字，更要在想象中睁开眼睛看由文字触发而构成的画面。"语文特级教师钱正权说："引领学生进入诗境的基本路子，不是一味地去寻求诗的信息意义，而是让学生一边读一边想象诗中的画面……"他们的论断都在提醒我们，诗词是想象的精灵，诗词教学要有意识地引导学生展开想象的翅膀，感受诗情画意。想象的对象主要是诗词中的意象，针对意象展开想象，就能获得某种"意境"或"画面"。所以，诗歌教学要浮想联翩。

浮想联翩就是要针对诗词中涉及的具体的人事物景，展开想象或联想，获得某些具体意象，并对其进行联想放大，使之充盈饱满，以此来激发学生联想，在想象中产生新的内容和新的形象，从而加深对诗词内容的认识和理解。它的显著优势是给学生以广泛的思维空间和充分展示个性的领地，使诗词有限的意象获得无限的胀满。意象放大的实质，是对诗词的内容和形象进行再加工、再创造，其主要途径有：

1. 化虚为实

诗词中的意象既是作者想象的产物，也可以是生活中实有之物，但大多属于前者。无论是虚无缥缈的东西，还是实实在在的物质，都需要通过想象来扩展放大，如《天上的街市》中呈现的各种"物品"，在天上本来是不存在的。教学时，就要对天上的"物品"这个意象进行联想放大。放大的依据当然是现实生活中"地上街市"中的物品，例如：

> 这里的物品真是太神奇、太丰富了。千年翡翠，闪烁着翠绿色的光芒；文房四宝，古朴而典雅；锋利的龙泉宝剑，闪着寒光；哪吒的风火轮、乾坤圈合在一起；唐僧师徒的袈裟、金箍棒、钉耙、禅杖列放在一边；织女的纺织锦绣，招人喜爱；太上老君的仙丹呈现在街心；嫦娥的桂花酒买一送一；王母娘娘的蟠桃，红润润、鲜脆脆的，一块钱一个……

这就将天上的街市变成了文化广场，使虚幻的内容化为真真实实、可触可视的形象。

2. 变诗为文

意象来自诗词，是我们联想的对象，一旦联想就不再具有诗词的特点，没有了押韵，没有了相对整齐地排列，失去了抑扬顿挫的节奏，已经完全散文化了，这都是浮想联翩所致。从某种意义上来说，这种教学就是对诗词意象进行充分扩写，具有体裁上的改写特点。例如，学生对"浅浅的天河"进行的联想：

> 银白色的天河，晶莹见底，蜿蜒流淌，时而泠泠作响，嘤嘤成韵，时而是余音袅袅，娓娓动听，时而是金声玉润的天籁之音。天街上的人们，不时从河里走过，捕鱼捉虾，嬉水玩乐，他们过着安宁和谐、美满快乐的幸福生活。

这样想象，就将"浅浅的天河"形象极为具体真实地展现在我们面前。

3. 定点成面

意象是浮想联翩的"点"，联想就是定"点"开花而扩成广大的"面"。"面"是对"点"的拓展和充实，而"点"是联想成"面"的起点和基点，"点"如星星之火，"面"则燎原之势。化点为面的过程就是浮想联翩的过程。

《天上的街市》涉及的意象之点很多，如以"牛郎织女闲游"为点的想象：

> 牛郎织女来到美丽的天街，他们跳下神牛，手牵着手，行走在熙熙攘攘的人群里。他们一会儿摸摸人参果，一会儿看看芭蕉扇，奇珍异宝，山珍海味，应有尽有。他们不买什么，也不问什么，见了熟人打招呼，见了生人也是笑脸相迎，显得那么悠闲自在，幸福满满。

这个联想紧扣"悠闲"之点而形成扩大之面，情境美好，意象恬静，令人心驰神往。

如果这样教学诗词，对学生阅读欣赏和练笔写作等语文能力的提升，都是极有意义的。

让语文教学回归简单境界

语文教学表面上是传授知识，而本质则为唐代散文家韩愈说的"传道"。中学语文教学虽然是一项系统复杂的语文教育工程，但对于某种知识、某些环节、某个问题的处理来说，需要崇尚简约，讲究效率。这是因为中学生学习和领悟的能力有限，他们的语文知识层次还处在初级阶段，教师如果把本来可以简单的内容复杂化了，就会增加学生接受知识的负担和难度，影响教学效果。温儒敏先生在新教材培训会上指出："现今语文课普遍存在的一个弊病，就是烦琐。备课烦琐，上课也烦琐。"他将烦琐归纳为三种，一是"形式大于内容"的"烦琐"；二是把课文"大卸八块"，进行僵化的"满堂灌"；三是题海战术，反复操练，应对考试。就目前中学语文教学现状来看，温先生的观点确实一语中的。可见，将简单的东西复杂化是缺乏智慧的表现，而把最复杂的变成最简单的，才是最高明的。

1.程序教学的简单

如果按照学生接受事物和认知的循序渐进规律来组织教学，无论针对何种作品或何种知识，确实应该要有一定的程序，但是要尽量简化不必要的烦琐程序，注重实效。因此，需要以学生认识和理解的受容度为前提，将那些次要的、明显的、可以省去的繁琐程序略去。例如，教学《天上的街市》这首诗歌时，如果按照通常所用的一贯程序就是这样的：①课题阐释、②背景介绍、③作者简况、④字词音义、⑤划分层次、⑥段意归纳、⑦主旨明确、⑧特点分析、⑨习题解决、⑩作业布置。如果仍然固守平时自己习用的这10个程序，繁冗之至，不言而喻。针对这首明白如话的自由诗，10个程序都需要吗？回答当然是否定的。那么哪几个程序必要呢？这要依照本文实际内容来确定。首先，⑤肯定是多余的，全诗四个自然段，还分什么层次？其次，④也无须保留，因为这是白话诗，字里行间明白晓畅，还有注释提示，难度很小；①也应该去之，因为标题的意思就在诗中；⑨⑩可以合并。这样，10个程序就简化为6个，没有了烦琐之弊，也突出了重点。

2. 语知教学的简单

中学教材涉及的语知，主要是语法和修辞两类。前者规定不考，只要求"随文学习"；后者是中考语卷上的常客，但无须"系统"辅导、"集中"讲授，同样要求"随文学习"。随文学习就是要从课文内容和例句出发，与讲授课文实体结合起来。语法按照由简到繁、循序渐进的路子放在每册"附录"之中；修辞是用方框的形式，放在有关课文练习之后。教师在教学时，可以针对某篇课文出现的语知，选择进行重点讲解，边讲边练，边练边学，在学中明确特点，在练中加强运用。但无论学还是练，都不要把过程复杂化，开始学习的时候，深难的知识可以搁置起来，而入门的粗浅知识可结合课文讲清楚。这"搁置"就是语知教学简单处理的一种智慧。例如，部编版七年级上册第5页中编入的修辞比喻，涉及三种类别：明喻、暗喻和借喻。明喻列举的两例出自本课《春》，是结合课文"随文学习"比喻知识的最好范例；暗喻两例和借喻一例都不在《春》中。对于这两个比喻的简单处理是暂不涉及，因为《春》中无暗喻也无借喻，无法"随文"；等到接下来学习《济南的冬天》时，这两种比喻就都有了，再"学习"不迟。

3. 复习教学的简单

复习对老师和学生来说都是非常重要的。怎样过关，需要根据教师的安排和学生的实际情况而定。复习的知识需分类进行，一是提升复习效果，力求简单不烦琐；二是抓住重点，注意传授知识规律和应试方法。简单智慧的体现主要是在后者。例如，过渡句子在作品中的作用是常考的题项，无论何种过渡句在什么文体中出现，其结构作用无非是三个：承上为主，启下为主，既承上又启下，如《藤野先生》中的"到别的地方去看看，如何呢"主要是启下，从此鲁迅离开东京去仙台了。应试阅读时遇到其他任何过渡句，其结构意义都不会超出这三个答案，掌握了这种规律，复习就简单多了。

让语文教学染上生活色彩

语文教学的体现是品味课文的语言，而品味语言也是小考大考语卷上常见的考点。生活是语文教学最具体、最丰富的色彩，也就是说语文教学要紧密联系生活实际。语文传播着生活，生活充盈着语言。语文是人类最重要的交际工具，是人们进行沟通交流的主要表达方式。语文课程标准明确要求我们，要品味作品中富于表现力的语言。这"富于表现力的语言"即指文中对读者产生深刻影响和在感情上受到深切感染的重点词句，也是教学时品味的关键对象。品味就是感悟字里行间透露出来的深层含意和优美意境，特别是细细地感受其中的生活意味，以进一步加深对作品内容的理解。然而在实际运作时，人们的做法往往是照本传声，依文释义，很少走到实际生活中，这就显得虚而不实、浮而不沉。而以生活作为语言意味的依据，可以使语言教学染上鲜活的生活色彩。

生活是创作的唯一源泉，我们的文学作品是对生活的反映，或比美好的生活更美，或比丑陋的生活更丑。如果通过联系生活来品味语言，就是要我们面向生活，回归生活，在丰富多彩的生活中感受作品的生活意义。这就是将关键词语拿到生活中来考察、体验、对照、印证，返璞归真，始终以生活为教学检验的标准。

紧密联系生活来品味语言，就要以自己的生活经历为注脚。从小学到中学，其间发生在我们每个人身上大大小小的事情不可胜数，这些事情往往与某些课文内容具有异曲同工之妙。如果将自己的经历与课文内容紧密结合起来思考品味，会加深我们对作者所写内容的理解。这样做不是要我们拿尺子来丈量课文的长度和宽度，也不是把某篇课文内容搬到现实生活中来验证，而是用我们自己的生活体验，来感悟作品所写内容的真实性与深刻程度，来品味课文语言的深意和韵味，进而感受作者的生活及其表现生活的能力与技巧。

例如，在教学《紫藤萝瀑布》时，就可针对结尾一句话"在这浅紫色的光辉和浅紫色的芳香中，我不觉加快了脚步"，让学生结合自己的生活经历来切身感受，讲真话，抒真情，寻真味。品味的重点是"不觉加快了脚步"。这里所写的"不觉加快了脚步"是一种结果，原因何在呢？是"浅紫色的光辉和浅紫色的芳香"的影响。"你们在什么情况下有过'不觉加快了脚步'的经历吗？"老师的一个问句，引来学生踊跃发言："上学路上，我听同学说我的一篇作文发表了，不觉加快了脚步。""放学时，我远远望见家门口我栽的那棵牡丹花盛开了，不觉加快了脚步。""早晨与妈妈大吵了一顿，放学后有气无力地往家里走，远远看到妈妈迎过来，我不觉加快了脚步。"这样通过学生自己的生活经历，来品味"不觉加快了脚步"的深意，实际上是举例说明佐证，实事求是，因果相关，充分感受课文作者此时信心百倍的思想情绪。

紧密联系生活来品味语言，就要以自己的观察所得为注脚。我们阅读课文获得的信息无疑是一种视觉所得，但得的只是文字，是概念，而不是如火如荼的现实生活。生活是万花筒，是多棱镜，是我们写作的唯一源泉。观察生活是我们摄取生活内容的主要手段。我们在阅读课文、品味作品时，要积极主动地与我们平时的观察联系起来。通过观察所得来品味课文语言，自然会加深对作品内容的理解。

例如，《背影》中写道："他用两手攀着上面，两脚再向上缩；他肥胖的身子向左微倾，显出努力的样子。"这里有三个动词，分别是"攀""缩""倾"。教学时可让学生联系自己平时对家人的观察情形，写一句话，用上几个准确的能够反映所写对象特点的动词。结果呈现许多写得不错的例子，这就使同学们进一步体会到，作者的父亲买橘多么的艰难，作者观察父亲是多么的仔细。

让语文教学落到实处

语文教学内容应该注重和强调实用性，不实用的教学内容是没有市场的，也是没有任何价值的。

1.教学内容要实用于考试

语文教师教学效果好不好，学生、家长、学校及社会评价的重要依据是考试成绩怎么样。在实际教学中，可能还会出现这种现象，不管你采用什么教法和怎样的语文教育管理方式，只要大考语文成绩个个都优异，人人得高分，你就是一位好教师。这就是从实用角度来衡量教学效果的认证标准。我们的语文教学，一定要强调实用性。只有教学很实用，你的教学才有市场需求，才有掌声笑声，才有鲜花硕果。因此，语文教师在教学时要随时考虑与应试对接起来，哪怕是一个小小的训练、短短的问答、简单的测评，也要看看想想有多大实用价值。朱自清先生《春》的结尾写得很美，且运用了多种修辞手法，是中考仿写的好材料，教学到这里的时候，就可让学生进行修辞仿写。原文是："春天像刚落地的娃娃，从头到脚都是新的，它生长着。春天像小姑娘，花枝招展的，笑着，走着。春天像健壮的青年，有铁一般的胳膊和腰脚，领着我们上前去。"结果学生给出了许多仿写答案，其中写夏天的一例：

夏天像刚诞生的金蝉子，从里到外都是热的，它闪烁着。夏天像小伙子，激情洋溢的，喊着，跑着。夏天像多情的诗人，有火一般的烈焰和身躯，领着我们创新去。

这样，一边欣赏名家作品，一边学创自己的东西，产生了极为理想的实用效果。

2.教学内容要实用于生活

可以肯定地说，语文课本里所选的作品及其内容，无一不是对过去各种物质或精神生活的历史回放和经验总结，也会对我们的现实生活给予有益的指导和启示。从某种意义上来说，学语文实际上就是带领学生学古今中外人们的生活经验，同时也在切实指导学生应该怎样健康而高质量的生活。因此，语文教师在教学时，要尽可能地与现实生活联系起来，与语文的实际运用结合起来。从这个意义上说，语文是生活的，生活也是语文的。唯如此，我们的语文教学才有扎实的根基，才有源源不断的活水，以此来创设语文生活化情境。

例如，教学《散步》这篇散文时，就完全可以与我们的家庭旅游联系起来，让同学们想一想：我们在旅游时邀请过爷爷奶奶辈的老人吗？我们在旅游中遇到难走的路径时会这样背起老小吗？我们能否尝试一下作者一家这样散步的生活情景呢？几个问句，很快把学生引入自己的家庭生活圈子中，语文实用于生活的情境得到了很好的贯彻落实，也加深了他们对课文生活内容的理解和记忆。

3.教学内容要实用于交往

只要是社会中人，总会在交往中存在着各种关系：同学关系、师生关系、兄弟姐妹关系、亲戚朋友关系，还有与陌生人临时发生的某种关系。也就是说，只要我们与人交往，就会发生各种各样的人际关系。在我们的语文课本里，每篇课文都在表现着这些关系。因此，我们学语文的目标之一，就是要像课文中的那些人物一样，保持恰当良好的人际关系，这也是我们不可多得的宝贵资源。魏巍与蔡芸芝之间纯真的师生关系，让作者爱上文学并成为著名的文学家。因此，从某种意义上说，学语文就要学文中人物那种健康而良性的交往活动，并在活动中丰富自己的知识和经验。

例如，教学《老王》一课时，涉及的主要关系是"我"与蹬车师傅老王的邻居关系，但由于"我"与他在交往中没有从心灵深处碰撞，当得知老王去世的时候，"我"还是深感懊悔不迭、"愧怍"不已。这就从生活的反面启发了我们应该怎样面对和处理好各种复杂多变的人际关系。

试题评讲课如何打造亮点

在高中语文课堂教学中，对于打造教材亮点的意义及实践，已然成为不争的共识，而试题评讲课如何打造亮点，几乎无人问津，更不知道怎样打造，意义几何。实际上，无论针对何种课型，教学何种内容，都可以打造亮点，只是被打造的对象和内容不同而已。

1.在难题上打造

一套考试题，其难易程度的表现要比课文更鲜明、更突出，这里的难题应该是评讲着力打造的对象，打造的目的是化难为易。难题的认定虽然因人而异，但相对而言，最近几年涌现出来的"探究题"普遍认为是比较难的，因为它的设置有一定的宽度和深度，答案不唯一，运思角度多，覆盖材料广，具有思辨性和发散性，语文能力较弱的同学，常常"望题兴叹"。评讲时，可根据题意指向，从不同方面进行打造：①角度：正面、反面，主观、客观；②范围：社会、家庭、学校；③跨度：纵向时间、横向空间、想象虚间；④内容：人物、情感、态度、影响；⑤形式：构思、结构、手法、修辞、语言；⑥层面：原因、过程、结果、表象、深层。这些方面不一定全部涉及，命题指向何方，就向何方打造。

例如，有这样一道考题："谢思德的'诚'体现在很多方面，请结合全文谈谈你的理解。"对于这道探究题的评讲，可从"对象"和"内容"上打造，打造的层次有：①明确人物是"谢思德"，内容是"诚"；②"诚"的体现在：对祖国，对事业，对亲人。这些内容文中都有关键词句，可以直接拿来揉为答案。这样打造，将问题分解，使难题变易，尽管涉及全文材料，但主人公"诚"的角度和表现，就会进一步明朗化和清晰化，难题也就不难了。

2.在重题上打造

重题就是指重点试题。重点通常体现为分值多，阅读量大，费时长。据此可知，现代文阅读、文言文阅读、作文三部分当是考查重点，也是评讲时打造的重题，它们总计占有分值85%，阅读量90%，解答时间90%，它们是三驾马车，构成了每套试题的主体。对于这种重点试题，评讲时就要投入重兵，包括多时间、多角度、多活动、多精力，形成包围圈，用足攻击力。如果将这三块重题打造到位了，就打造了全卷150分的130分左右。

例如，有这样一道阅读题，共四题20分，选文为小说，学生训练后评讲打造的层次有：①四道题涉及小说的要素为人物（第12题，6分）、情节（第14题，6分）、环境（第11、13题，8分）；②四道题涉及材料位置有：11题（全文），12题（第四段），13题（结尾），14题（全文）；③四道题涉及考点有：11题（整合信息），12题（鉴赏形象），13题（语句含意），14题（发掘内涵）；④四道题之间的联系有：11题与14题有联系，14题题干"舒缓"二字启示了第11题，12题与14题有联系，都涉及人物特点和性格，11题与13题有联系，都与环境有关。通过这样四个层次的评讲打造，将小说全文与试题整体梳理得一清二楚，扫清了答题障碍，产生了很好的评讲效果。

3. 在错题上打造

每次模拟考试，学生的答案总会有致错的现象，这说明同学们还没有认知和掌握这道错题。这里所说的打造错题，主要是指全班同学错率最高的一道或至几道试题，在评讲时就要对其进行反复打造，重锤敲击，直至攻克为止。攻克的标志是同学们明确了答题角度、规律、方法、步骤等，知道如何应对，如何变通。这样打造，错题就会发出亮色，就达到了评讲的目的，以后会少错或不再错了。

例如，我们在一次高考模拟考试中，1—6题为客观题，第3题只有2人做对，43人致错，错率达96%。评讲时就将该题进行反复打造，其他题目略评或不评，其打造的过程是：①找到题项与原文对应的段落，确定方向；②将选文文字与材料文字进行比较，确定方位；③看表述与原文有何异同，重点是差异所在的地方，包括角度、态度、情感、道理等，确定方法。这样打造，同学们顿时恍然大悟，这道错题也就焕发出了警人的光彩。

多媒体是教学中的"客人"

　　多媒体进入课堂，为中学语文教学增添了清新的空气和无穷的魅力。多媒体对中学语文课堂教学确实具有其他任何媒体所无法替代的独特功能，但如果用得过多过滥，也必然带来难以回避的负面影响。应该给课堂运用的多媒体一个怎样恰当的定位呢？笔者以为，多媒体只能是课堂教学中"客人"。

　　既然是客人，就要特别尊敬它。尊敬它就是看重它，它不是课堂可有可无的人物，而是这里举足轻重的角色；也不是可以随时掌控和指挥课堂、要风得风唤雨得雨的课堂主人，而是被主人请来施展自己高超本领和精湛技艺的贵宾。课堂的主人永远是教师和学生，是师生共同体。也就是说，课堂所用的多媒体始终是值得尊重的客体，是被教师用来提升课堂教学效果的工具，是让学生获得更多趣味和知识的高科技手段。因此，我们不能把它当作主要劳动力来使用，也不能让它成为做做样子、供人玩赏、沦为摆设的花瓶而被疏远、被冷落。既要发挥它尊贵客人的非凡作用，又不能让它反客为主，应该恰如其分地当好值得师生尊重的课堂嘉宾。例如，有一位年轻教师，在教学朱自清的散文《春》时，运用的多媒体课件有：《春天在哪里》歌曲导入、课文标题解读、四季景物展示（四幅图片）、作者生平事迹介绍、生字生词注音释义、名家朗读录音、课文结构框架、重点语句解读（5句）、春风图片三幅、春雨图片四幅、春花图片五福、春人图片两幅、主题思想归纳、两点写法分析、修辞比喻拟人例句、八个动词寻味、三种感官词语、含春诗词五例、作业仿句两题等，共点击转换多媒体频率40多次，专用多媒体的时间达36分钟。教师的右手始终不离鼠标，目光始终不离电脑，多媒体操控一切，形成反客为主的格局，这显然是不妥的。

　　既然是客人，就要经常邀请它。多媒体是课堂客人，要经常邀请它作客教室，面见师生，畅叙友情，增进联络。它是客人，你不请它，它就不来。谁请它呢？当然是老师请它。因此，在主导者教师的心目中，要有多媒体这个亲密的客人存在，要有多媒体这位嘉宾在课堂的重要位置。点击鼠标，就是在与多媒体握手；呈现课件，就是在与多媒体联络。例如，我们在一次学生问卷调查中发现，有一位中年老教师，一学期下来，没有用过一次多媒体。在他的课堂里，是见不到这位尊贵客人的，这显然也是不恰当的。

　　既然是客人，就要谨慎安排它。这位客人走进课堂以后，不能让它使尽浑身解数，忙得筋疲力尽，也不能让它黑不溜秋靠边站，冷得浑身打颤。要恰当地安排好它，及时地运用好它。要随着课堂教学进程，让它适时展现风采；根据教学重难点之需，及时请它解决问题。特别是关键环节，必须有多媒体介入，这样才能体现多媒体的积极意义。也就是说，既不能用得太多，也不能用得太少，恰到好处。一般来说，一节课用七八次即可。例如，有一位中年老师，在教学《月迹》这篇课文时，总共运用多媒体八次：月亮初出一次，月在院中一次，月到中天一次，月在酒杯中一次，月在河中一次，难点句探究一次，写月诗词展览一次，月迹线路绘图一次。可见，主导者教师把多媒体这位客人安排得多么精当。

第三篇

语海泛舟·问题

问题是思维的起点，由此迸发就能解决问题；问题是创新的动力，有了问题就会萌发创造的意愿；问题是时代的声音，发现问题迎难而上就会推动时代变革；问题是好的老师，有了问题就会有萌发探究的兴趣，而兴趣又是最好的老师。

语文教学、教研和教改中潜在的问题很多，它们也就自然成了我们解决问题的起点、研究的动力、探究的声音和求教的老师。语文教学中存在问题并不可怕，只要我们积极应对，加强研究，找到办法，就有了主攻的方向和契机。如果我们在教学中什么问题都不会遇到，那语文教育就会停滞不前，就不会有什么进展了。我们在语海泛舟，各种各样的语文问题当然是俯拾皆是，不胜枚举。

教学小节不可小视

教学小节即教学细节，指教师在课堂教学中出现的微不足道的细小情节或一掠而过的短暂瞬间。这些小节由于不是教师课堂教学的主要内容，所以往往觉得无关紧要，出了问题也觉得无所谓，不放在心上，甚至出了差错自己还不知道。其实细节是决定成功的关键，因此教学小节千万不可小视。

1.教师语言小节不可小视

教师的主导实际上是要充当课堂主持和导演的角色，这种角色的表现主要是通过口头语言形式来传达给学生的。但是，教师在讲授每一句话的时候，并不像写文章那样字斟句酌，随口便言是常有的事。因此，在不严谨的表达之时，语言小节往往要出现问题，也就影响了课堂教学效果，甚至给学生以不应有的误导。有一位教师在教学《散步》这篇散文时，说了这样一段话：

> 同学们，我们每个人都有一个幸福美满的家。我爱我家，爱爸爸妈妈，爱爷爷奶奶。家是生我养我的地方，是我玩乐成长的摇篮，是我享受幸福的港湾。今天，让我们一起走进作者莫怀戚的家，看看他的家是怎样的幸福美满，怎样的温暖和谐。看，他们正在田野里散步呢，让我们也加入他们的行列，陪他们一起，去散步，去踏青，去游山玩水，去游蜂戏蝶，去领略大自然的美妙风光，去分享他们浓浓的亲情吧。

这段话是老师的开场白，以抒情为主，渲染效果显著，感染力很强。乍一听毫无问题。但如果逐字逐句推敲，这"去游山玩水，去游蜂戏蝶"就有问题，因为前者含有消遣取乐倾向，后者隐逸浪荡子弟之意，透露明显的贬义，至少与本文主题"亲情"有较大距离。这就是在语言小节上出了问题，有可能会对学生产生了一定的消极影响。

2.课堂板书小节不可小视

板书及其设计是教师教学素养的重要体现，它虽然是写在黑板上的粉笔字，可它却是教师向学生展示自己写字能力和教学水平的最具体最形象的门面。作为一名称职的语文教师，应该在课堂上写好向学生传知的粉笔字。面对多媒体进入课堂，很多老师的板书设计都通过电脑输入转换到屏幕上来展现，不再写粉笔字了。所以，凡是评选先进、晋升职称、考评活动等特殊课型，评审条件上都要求教师必须在黑板上板书，否则扣分。由于平时很少在黑板上写字，于是板书时不能驾轻就熟，事前设计好了的板书往往缺胳膊少腿。在他们认为，板书设计是课堂教学的附属品，即使出了问题也是小节问题，无关大局，不值得重视。殊不知正是这无关紧要的小节而影响了大局。例如，有一位教师教学《老王》时的板书设计是这样的：

我们——幸运的善良者：以善良体察善良（追忆愧怍）
老王——不幸的善良者：以善良感激善良（不是要钱）

这个板书设计比较清晰概括地浓缩了课文的主要内容，似乎没有什么问题，但如果从完整性上来看，两种内容并列相垒，各自独立，没有将它们统起来的文字，这就给人以不完整的印象。如果在原板书设计末尾两行文字中间位置通过总结性语句将它们统起来就好了。

我们——幸运的善良者：以善良体察善良（追忆愧怍）　＼　以善良对待善良
老王——不幸的善良者：以善良感激善良（不是要钱）　／　以善良对待善良

这样设计不仅完整，而且也完美多了。可见，这个小节一点儿也不小，千万不可小视。

主动进攻才能获得真经

我们在日常学习、工作和生活中，可以经常见到"取经"一词及其活动。取经无疑是一种积极健康的进取行为，可以走出去，也可以请进来，学习别人的长处，使自己变得更丰富、更强大、更完美。那么，是不是听了人家的事迹报告、学了人家的先进经验，就算取得了真经，就能立竿见影、产生奇效呢？回答当然是否定的。只有"主动进攻"才是真经。

什么是主动进攻呢？这里并非是指主动走出去或主动请进来，它们都只是形式，是很容易做到的。就中学语文学科来说，一到寒暑假或双休日，各地举办这个大赛活动、那个专题会议，广告宣传满天飞，邀请函件遍地是。作为学术活动，"百花齐放，百家争鸣"，当然是好事，无可非议。作为四面八方的教师个体，如果能够走出去，甚至自费前往，这也是好事，精神可嘉，毋庸置疑。但是听了许多选手现场赛课和名家临场讲座，回来以后怎样呢？如果听之任之，我行我素，还用自己过去的老一套，毫无变化，这能算主动进攻吗？

从语文教学上来说，"主动进攻"不是形式上到某某地方去向某某单位、某某人学习，而是要在意识上消化对方的教学经验，思考对方的成功所在，比较自己的教学行为，明确努力改进的方向。例如，听了余映潮先生《死海不死》的"板块教学"之后，就要思考余先生这种教法有哪些优点，几个板块分割是否合理，分割的标准是什么，重点是哪个板块，各个板块之间的联系何在，自己平时采用了怎样的教法，这种教法的劣势是什么，优点是什么，与板块教法有无同工之妙，怎样向余先生的教法靠近，甚至可以从反面思考和补充余先生的教法。有了这些意识，即可以成为"主动进攻"的第一步，为自己的主动出击奠定了思想基础。但是光这样思考还不行，还要落实到行动上，在课堂上大胆实践，将"行动纲领"化为"实际行动"，尝试"板块教学法"运作规程的真经，如教学《孔乙己》这篇课文时，就可将整个课文内容分为六个板块：①第1—3节：环境背景介绍；②第4节：人物特点概括；③第5节：插叙人物历史；④第6—9节：现实生活表现；⑤第10节：侧面交代原因；⑥第11—13节：人物悲惨结局。一旦划分和确定了具体板块，操作时再注意各个板块之间的关联，教学时就比较容易了，这是指教学上的主动进攻。

　　从语文教研上来说，"主动进攻"不是形式上听听某人关于如何从事教研、怎样撰写论文的专题报告，不是看看几本名家著述或几篇论文了事，而是要深入思考别人的文章是怎么写的，经验何在，感受人家矢志不渝、锲而不舍的研究精神。在此基础上，还要把自己摆进去，摆到主动拿笔的教师队伍里，摆到为教学而深入钻研教材的行列里，摆到为教研而孜孜以求、勤奋刻苦、笔耕不辍的阵营里。就中学语文教师来说，教学是课堂行为，教研是课下动作，课下时间虽然要远远大于课堂时间，可由于它是灵活伸缩的，没有强制性，所以部分教师往往是能懒则懒，能拖就拖，特别是那些没有提起笔来写点东西意识的教师，也就成了时间奴役下的匆匆过客。而主动进攻者不是这样，他们为了研究一个问题、探讨一个真谛、获得一点感悟、赢得一点成果，常常将在课堂教学中的发现，研读教参时的深思，课堂活动时的启示等所见所想所得写成教研文章。例如，笔者在教学《藤野先生》时，觉得鲁迅离别仙台时对先生的"说谎"，与通常意义上的说谎是有本质区别的，在课堂探究结束后，马上写成赏析文章。这就是教研上的主动进攻。

　　取经不一定非得走出去，别人的经验是别人的，自己的真经还是靠自己"主动进攻"获得。

不能失去语法这把钥匙

语文教学不教汉语语法，是因为考试不考。因为考试不考汉语语法，导致课本编者只能将汉语语法放在课本的"附录"之中。"附录"就是附带收录在正文或书本后面的有关文章或参考资料，备受冷落。既然如此，不教不考的内容为什么又要编进教材里，是嫌课本不够厚重，还是怕教材不够完美？既成"附录"，也可阅读，却因不考，无人问津。这就是汉语语法在当下所处的尴尬境地。

语文学科是学好其他各门功课的工具，工具就是钥匙。钥匙是用来开锁的，对于刚走进语文殿堂不久的广大初中生来说，第一把锁应该是语文基础知识：音形义、语修逻。这六大点中的"语"即汉语语法。它所涵盖的内容，据《现代汉语》范本所示，通常包括词性、词类、短语、单句、复句、句式、病句等。语法是一种研究关于语言词句的组合和分类的规律，掌握了这种规律，掌握了这个基础知识，就等于掌握了汉语语法工具。可是现在这个工具却被莫名地封锁起来，就等于将这把钥匙"刀枪入库，马放南山"了，久而久之，即使找到了这把钥匙，也是锈迹斑斑，难以为用的。

失去了汉语语法这把钥匙，其直接后果是这种知识被锁死了，学生就失去了运用能力。从2001年秋季开始，大多省市的中考就不再考查语法知识了。因此，关于语法知识方面的教与学，也就慢慢淡出了中学语文讲坛。随之而来的是一些高校强烈反应，学生语文基础极差，突出表现在语法错误百出，毕业论文难以完成，教授指导其毕业论文时首先是修改他们的语法错误。有的大学生连常见的同音字、形似字都分不清，常常混用，出现错别字的概率极高。如此等等，毋庸讳言，不能怪大学老师没有教好，也不能怨大学课程设置有问题，而是中学阶段不教、不学、不考汉语语法的实情所致。

客观地说，汉语语法这把钥匙并没有完全丢掉，何以见得呢？首先，以课程标准为证，2001年颁行的《全日制义务教育语文课程标准（实验稿）》是这样表述的："了解基本的语法知识，用来帮助理解课文中的语言难点。"放在"阅读"中要求，并非作为"基础知识"或"语文识记"单独列项；2011年修订的《义务教育语文课程标准（2011年版）》是这样明确的："随文学习基本词汇、语法知识，用来帮助理解课文中的语言难点。"同样是在"阅读"中呈现的。无论是老课标还是新课标，都没有完全排除汉语语法的存在价值，而是更注重实际应用，注重与课文内容的联系，注重解决教学时语言方面的疑难问题。其次，以教材为证，无论是苏教版还是人教部编本，无论是老版本还是新版本，都没有将汉语语法从课本中彻底删除，"附录"中毕竟还有它的一席之地。既然这样，为什么汉语语法的地位和身价沦落到如此低下、令人不屑一顾的境遇呢？我们可以直言不讳地说，应归咎于考纲中学生结合阅读、写作、口语交际的实践随意阅读，不考试的舆论导向。

其实，在每年的中考语文卷上，汉语语法的身影并没有销声匿迹。仅以2016年中考为例，山东德州卷考了"词性"，湖北黄冈卷考了"短语"，陕西卷考了句子"主干"，山东泰安卷考了"复句"，还有各省市常考常新的"句式变换""病句"等，都属于汉语语法的范畴；判断和修改病句更是高考语卷上的必考题。问题又来了，平时课堂不教语法，战时考场能考得好吗？"考试大纲"明言不考语法，考卷上却照样有它的一席之地，这不是违背考试大纲意志吗？这不是向考试大纲挑战吗？汉语语法可是在教材的"附录"之中呀，这不是违反教材主旨吗？不必疑问多多，大惊小怪，答案很简单，考是对的，不教、不考、不学是不对的。因为语文是其他各科的工具，汉语语法是语文基础知识中工具的工具，考是为了强化工具性，本该如此。因此，我们绝不能失去汉语语法这把钥匙。

应该为"春人图"设题

朱自清先生的散文精品《春》，四十年来一直做客于初中语文教材之厅，而且都被尊奉为"教读课"，足见其重要程度。这不是编者对朱自清偏有私情，而是这篇文章写得确实很好。好就好在它采用了形象生动、澄澈明净的笔触，具体描绘了春草、春花、春风、春雨、春人等五幅图画，充满诗情画意，是一支春之礼赞，一曲春之颂歌。可是围绕并配合课文的课后练习，无论经过多少次修订，都没有对第五幅"春人图"进行设题，最新版的部编本仍然如此。这不能不引起人们对这个问题的思考，"春人图"至少应该拟设一道练习题。这是因为：

"春人图"是春景图的高潮。《春》共写了五幅图景，涉及对象依次为草、花、风、雨、人。"春人图"出现在最后，是符合高潮位置特点的。请看"春人图"中有哪些人物："牛背上牧童""撑起伞慢慢走着的人"，地里"工作的农民"，放风筝的"孩子"，城乡"老老小小"，还有虚拟比喻的人物"母亲""娃娃""小姑娘""青年"。作者写春草时没有让他们出场，写春花时也看不到他们的影子，到了写春风时开始出现了"母亲"，随后各种各样的春人都不约而同地来到了春天里，从而构成了一幅充满勃勃生机的春人图。这是散文的写景高潮，也是感情抒发的高潮。可见，写景是有高潮的。君不见《济南的冬天》写景的高潮是"蓝汪汪"的"蓝水晶"；《观沧海》的写景高潮是"日月之行，若出其中。星汉灿烂，若出其里"。无论叙事文还是写景文，高潮都应该是课文的重点，也自然是教学的重点，为高潮设题是解决课文重难点、抓住学习重难点的需要。既然是重难点为什么在"课后练习"中不为之设题？可见编者在设题上的忽略还是客观存在的，或者说是遵循了过去不设题的传统。至于设置怎样的习题那又另当别论，但应该为之设题。

"春人图"是春景图的灵魂，过去老教参中是有关于"春人图"的说法的。

这是忠于原作、尊重课文的表现，因为"春人图"最灵动、最有生气，充满着"真人""真事""真情"，真实可信，那么编者为什么不为之设题，却反过来对比喻虚拟的"假人""娃娃""小姑娘""青年"拟设了习题？这就难免让人产生景与人是各自独立、彼此割裂的错觉，而实际上景与人的关系并非如此。景物属于环境描写，人在其中既受环境制约和影响，也在改造和主宰着环境。人与景浑然一体时，人是景的灵魂，失去了人之景，那景也就失去了灵性，失去了意义。"那人却在灯火阑珊处"是古往今来人所共赞的一幅绝美佳景，可是如果去掉"那人"，就只剩"灯火阑珊处"了，就失去了生气。著名作家茅盾在《风景谈》中就明确指出，有人的风景才是真的风景，是伟大中之最伟大者。可见，春人应该是春景中的灵魂，如果没有春人，春景就会显得寡淡无味、黯然失色。春人既然是春景中的灵魂，当然也就是作品《春》的灵魂，对灵魂的东西不设题、不让学生去认识、思考和练习，显然是不妥当的。从这个意义上说，《春》的"课后练习"中应该增加"春人图"方面的习题，才符合景情、课情和人情的特点。

"春人图"应该设置探究题。既然已经明确了春人图必须设题的观点，那么设置怎样的题型为好呢？回答是"探究题"。语文探究题具有多样性特点：一是开放性，答题者可以尽情联想发挥，从不同角度去思考阐发；二是联系性，学生可以根据题意指向，分别联系课内课外相关方面内容；三是阐述性，探究题一般是通过文字来回答的，所以表述要准确精当，各要点之间在内容和类别上不能重复或涵盖；四是要点性，探究题的答案往往不止一个，用一二三或首先、其次、再次或标点符号中的分号隔开等方式编序，以形成眉目分明的格局。围绕"春人图"可以设题：①课文后半部分写了许多春人活动有何作用？谈谈你的认识。②春人在春景中具有怎样的位置？请说明理由。③有人说人与景是两个概念，不同的对象；也有人说人与景是浑然一体的，人是景中的灵魂，你持怎样的认识？谈谈你的见解。

语文静态教学的三大特征

静态，是指事物静止不动的状态；动态，是指事物发展变化的情形。它们在具体表现的时候，往往是相比较而存在、相变化而发展的。语文课堂呈现的总体情形，也无非是动静两种状态，虽然也是相对而言，但教学效果却有天壤之别。动态教学如一泓活水，这里的学生如水中的鱼儿一样生动活泼；静态教学若一潭死水，这里的生物如万马齐喑。那么怎样定性一堂课是动态还是静态呢？笔者以为，静态教学具有三大明显特征。

一是"有"。这是从课堂教学内容上定位的。教师在主导教学流程的推进中，处处表现出一个"有"字。教材上已经有了的，教师会不厌其烦地传授给学生。由教师积极主动、声情并茂地范读课文；教参上已经有了的，教师也兴味盎然地拿来讲解给学生，如对教参中分析的若干文字，一字不讹地讲读给学生。而隐在教材里面的内容，教参中没有写到的东西，教师避而不谈，其实是无从谈起。这样的语文教学，真是太好教了，只要认得字，只要稍微有点记忆力，就可以当语文教师了。例如，笔者在一次考评听课中清楚地记得，有一位老教师在教学《故都的秋》这篇课文时，解题导入，全由教师一人包揽；进入正文，教师通篇完整范读；分析课文内容和结构，教师依据教参照本宣科，且时有背诵的情形；总结课文主题和写法，与教参表述毫无二致；解决课后"探究·练习"，也是教参中提供的答案成品。一句话，教材教参中有的，教学时就有，就是没有教师自己主观能动的东西。这样的教学内容，当然是标准典型、毫无争议的静态。

二是"无"。这是从课堂呈现状态上定位的。在教师静态教学的掌控下，学生的学习情绪可想而知。他们不仅完完全全表现为被动受置的罐装机器，整个课堂也就因此而凝为"六无"产品：无书声，由于学生读书的权利被教师范读取代了，他们也就失去了读的机会，无论是默读、朗读，都没有他们的事情；无应声，由于教师在课堂上没有提问，常常表现为自问自答，学生也就不需要回答任何问题；无笔声，这样的课堂，学生只能一看二听，没有练笔活动，也没有记录什么；无辩声，教师没有将任何问题交给学生去探讨，他们也就没有了见仁见智、表达观点的辩论之声；无笑声，笑声是课堂气氛热烈和谐有趣的表现，往往是课堂活动的高潮，由于教师的大包大揽，学生活动几乎为零，哪有什么高潮可言，更不存在充满乐趣的笑声了；无掌声，特别是整体性的、雷鸣般的掌声，那是群情振奋的结果，是大家不约而同发自内心的点赞行为，但掌声不是无源之水，在教师一人主控下，掌声只能销声匿迹。

三是"沉"。这是从课堂教学后果上定位的。教师的静态教学，制造了静态课堂，也就生产了静态产品，给学生带来了无穷无尽的负面影响。课堂"沉寂"，这里没有一丝活气，毫无动静，学生守纪听话，静如止水；气氛"沉闷"，这里如死海一般，学生既没有压力，也没有动力，只是那么沉闷地坐着望着，无动于衷；心情"沉重"，懒惰的学生在静态中偷懒，乐在"静"中，自寻其趣。但是上进的学生却在静态中急不可耐，他们担心在这样的课堂里，怎么能学到知识，怎么会有进步呢？主体"沉睡"，主导教师的静态教学，主体学生便无法作为，他们有的看小说，有的小声交头接耳，大多恹恹欲睡，有的甚至睡得很沉，喃喃地道着呓语。这都是静态教学所导致的严重后果。有一次，笔者在随堂听课中发现，有一位老教师在教学鲁迅的《祝福》时，就表现出了非常典型的静态特点，他没有提问一个学生，没有一次学生活动，掌声、笑声更是可望而不可即的奢侈品。当进度发展到35分钟的时候，发现有不少人趴在桌上睡觉，教师只顾自己忘情地"讲"，却不顾学生入梦地"睡"，数一数全班50个学生，竟有15个人在睡觉。可见，静态教学造就了静态课堂，静态课堂又培养了静态学生。

课堂静态教学确实害人不浅呀！

课堂提问要有质量

中学语文课堂教学不可能没有提问，或教师问学生，或学生问老师，或学生之间互相提问，运用频率最高的是前者。通过教师恰当而科学的提问，引发学生思考，增进对课文的理解，推动教学流程，是一种常见的教学方法，也是一种传统的活动形式。教师向学生提出问题，学生能否及时而准确地回答出来，关键是看问题的难易度。太易，虽然学生可以对答如流，但平易直白，毫无内涵；太难，把学生问倒了，哑口无言，提问价值大打折扣。可见，教师课堂提问要有质量，要保证质量，要提升质量。

提问之前要有导语铺垫。教师提问要自然和谐，不能太突然，太直接，让人毫无准备，心理难以承受。因此，教师在所提问题之前，要运用适当的导语过渡，形成铺垫桥梁。导语的内容要有渲染功能，有抒情色彩，把学生的注意力吸引过来，把他们的情感火花点燃起来，然后将所提的问题交给学生，才顺风顺水，顺流而下。例如，教学《紫藤萝瀑布》这篇课文，根据开头"我不由得停住了脚步"来这样提问："同学们，人在正常走路的时候，总是要按照一定的方向行进。如果遇到急事，他就会加快步伐，甚至迅跑起来；如果没有急事，他就会表现出一贯的匀速度前行，一般是不会发生明显改变的。可是本文作者在行走的时候，为什么却'不由得停住了脚步'呢？她是看到什么，还是想到了什么吗？"这个提问之前，就运用了较多的铺垫文字，内容是关于人在走路时的几种情形，然后向学生提出问题，既令人深思，又把学生的目光引向下文，促使他们抓紧时间去阅读正文，寻求答案。如果这样提问："同学们，作者为什么要'停住了脚步'呢？"虽然也可以让同学们去思考，但显然过于突兀。

提问内容要有一定深度。教师在课堂上提出的问题，务必要注意它的质量，使问题有一定的难度，但又不太难，通过思考大多能够回答出来，但又不太易。一句话，所提的问题要有恰当的深度，其标准是：问题涉及范围不过于宽泛，也不过于狭窄；问题涉及的答案内容不虚无缥缈如海市蜃楼，让人捉摸不透。也就是说，问题不难不易，难易适中；不大不小，角度适当；不虚不空，内容实在。例如，《石榴》这篇课文中，有这么一句："我本来就喜欢夏天"，教师提问："郭沫若为什么喜欢夏天，是他的个性使然，还是他的天生本性？大家能举例说明吗？"这个问题表面看很大，但是答案却是"举例说明"，比较具体，如：他的心灵是火热的，石榴结硕果是夏天的景象，所以他写石榴颂石榴；他的个性是火爆的，其剧本《雷电颂》中的屈原性格，如火山一样爆发出来，要把旧世界烧得一干二净；他的思想是火亮的，疾恶如仇，不隐瞒观点，在《女神》中，他赐予女神特技，穿上圣衣，同恶势力英勇作战；他的追求是火烫的，在《天上的街市》中，表达了追求自由幸福的急切愿望。可见，这个问题表面上很庞大很空虚，实际上答案却是非常具体的，也是容易获得的，且有一定的深度。

提问特点要有浓厚趣味。"提问质量的秘诀也在于是否有趣味"，教师所提的问题有趣味，学生就会感到兴致盎然，就会积极主动地去求异、求新、求趣、求答。反之，如果没有趣味甚至枯燥无味，学生对问题就难以起兴，提问质量显然不敢恭维。例如，在教学文言文《马说》这篇课文时，有位教师向学生提出了这样一个问题，要学生现场作答，"马说的时代已经成为历史，读了本文不得不引发我们深思。在愈加激烈的社会竞争中，我们应该怎样才能成为千里马而立于不败之地？"这个问题不仅概括笼统，而且枯燥乏味，所以当时没有一个学生举手发言，这个提问也就毫无质量可言了。

心中要有习题存在

　　无论是人教部编本还是苏教版，以及其他版本的教材，在每篇课文的后面，都设计了配套的思考与练习方面的内容，苏教版叫做"探究·练习"，部编本叫做"思考探究"和"积累拓展"。它们的名称有别，其实大同小异，无非包括两个方面：一是内容方面的"探究"，二是语知方面的"练习"。

　　怎样解决课后的这些习题呢？大多数老师常常是无视它的存在，只管教课文，或者待到正课上完以后，集中时间和精力来解决它。教师这样做的结果，一是人为地将课文与课后习题割裂开来，脱节分离；二是容易养成学生指望等待的学习习惯。在学生的意识里，这些练习不必过虑，反正老师待会儿还要讲解，何必自寻烦恼？久而久之，教师就养成了呆板的教学状态，学生也就养成了懒惰的学习习惯。课后习题是编者根据课文重难点精心设计的，是为认识和理解课文内容、培养学生语文素养服务的。教师既要讲析课文，也要帮助学生解决课后习题，师生心中要随时有习题的存在。

　　首先，教师要有针对性地将习题中的若干问题及答案方向，有意识地置入讲课之中，从某种意义上说，讲课就是在讲习题，就是在侧面地传递习题答案内容。这是从教师角度要求的，是主导者首先必须做到的。教师在备课时，不仅要看教学参考书和课本原文，还要将课后习题中的问题，特别是"探究"与"拓展"方面的内容备深、备细、备具体，以备课堂教学之用。课后习题中的探究和拓展，有的牵涉全文内容，有的关乎部分章节或词句。如果是前者，宜在解题或归纳主题时落实到位；若是后者，则依据教学进程适时完成。例如，苏教版《一面》的"探究·练习"中第一题："读了课文，你对鲁迅先生的思想、为人有了哪些了解，课文以'一面'为题，你认为好在哪里？"它就属于总体性习题，可在解读标题和介绍人物时落实，入课环节解决了这些内容，也就完成了"探究·练习"第一题的解答。人教部编本《敬畏自然》的课后第二题，是关于句子富有哲理的题项，共列举了三个句子，教师在讲授过程中，其他句子可以略讲或不讲，当推进到这三个句子的时候，非讲深讲透不可。教师的这种教学风格，要及早明确地告知学生，使学生了解老师的这种讲课习惯，也会促使学生去认真听课，注意记录。否则，课后习题就成了他学习的死角。

其次，学生要非常明确地将习题中涉及的若干问题，梳理成辫子，并注明解决它们的思考方向在文中哪些位置，听课时有意识地高度关注，认真听讲，细心记录。一般情况下，教师在课前都是要布置预习的。作为学生，不仅要把明天将要学习的课文浏览一遍，还要把课后习题分类梳理清楚，使习题与原文一一对应起来。这样做的目的，是为学习新课文做好准备，为课后习题解答位置找到根脚，做到心中有数，打有准备之仗。如果我们每位学生都这样做了，他就不可能成为被动受制的对象，不可能忧虑和担心课后习题成为如孔乙己拖欠的"十九个钱"，不可能学不好语文。例如，《天上的街市》的课后习题共有四道，第一道与诗歌的第三节有关，第二道与诗歌的第一节有关，第三道是联系现实生活和科技成果进行想象，第四道是背诵。如果我们在课前将需要思考回答的问题落实到自然段中，听课时再细心捕捉教师传达出来的有效信息，不愁答案无着落。

以上解决课后习题答案的途径，是以教师和学生两个积极性为前提的。这样做不仅能够避免重复劳动，养成良好的教学和听课习惯，而且还可以促成师生和谐顺畅的共振体系，学生学不好语文、不喜欢语文的顽症自然会销声匿迹。

环节导语不可废

中学语文课堂教学的环节是指相互关联的若干教学任务或教学阶段，如解题、导入、分析、归纳、总结、作业等。这些环节因为课文不同、教师运作方法不同而有所变化。但共同点是一个任务、一个阶段教学完成之后，必然要进入下一个任务、下一个阶段的教学内容，就在这承上启下的过渡衔接处，教师应该有环节过渡导语出现。过渡导语其意义有三：一是将课文上下内容紧密连接起来，不使脱节；二是将课堂气氛始终保持在和谐圆满的状态中，不使冷场；三是将学生的目光和思维顺畅地牵引到新的教学情境中，不使停滞。

可是笔者在听课中经常发现，有的教师很少运用这种过渡导语，有的还错误地认为它与教学任务和内容关系不大，何必多此一举。于是就出现了环节之间的生硬裂痕或脱节现象，师生的思维转换断裂，课堂气氛失去了和谐音符。例如，有一位青年教师，在教学《我与地坛》这篇课文时，单看开课和结课，就给人以突兀的感觉，更不谈什么环节导语了。开始说："今天我们学习史铁生的散文《我与地坛》，请打开书本。"然后是板书课题作者，真是"开门见山"；结课时他又这样说道："今天这节课就上到这里，下课。"真是"戛然而止"呀。在讲授中间各个环节时，他用的也全是这种类似的生硬语言。

环节导语如瓦工砌墙的勾缝，可有效地让上下左右砌块材料之间的连接更为牢固，并使墙面清洁、平整、美观。与此同理，课堂上的教师就是这瓦工，在内容前后、环节上下设计的导语就是在勾缝，缺失这种连接的语言，课堂的完整、和谐、美满都会受到一定程度的影响。

导语在什么地方运用，采取怎样的方式，一方面是由课文内容决定的，同时也离不开导语设计者的喜好。但是最需要导语的地方是入课和结课，入课是起始，结课是终端。导语运用的详略与正反，也要根据课文内容来选择。总之，导语是为课文内容设计的，是为学生的语文学习服务的，是从教学效果角度考虑的。现以起课和结课的导语设计为例，可见一斑。

起课导语内容通常与作者、背景、课题、课文开头有关，但不是面面俱到，蜻蜓点水，导入时侧重于某一两个方面即可。例如，《背影》入课导语这样设计：

> 同学们，父母对孩子的爱，如绵绵春雨，"随风潜入夜，润物细无声"。孩子对父母的爱，如小小春草，"报得三春晖"。感谢父母的养育之恩，是很多作家笔下的永恒主题。写人要抓住特征，可以写父亲的皱纹，也可以写母亲的白发。现代著名散文家朱自清先生笔下的父亲，则是那永远难忘的"背影"。这篇感人至深、催人泪下的散文，会给我们带来怎样的感动呢？让我们走进作者当年的生活情境吧！

这则起课环节导语，与课文作者、内容、标题密切相关，有感情倾向，有抒情色彩，有文学感染力，将学生的情绪很快引入课文之中，比"我们今天学习《背影》这篇课文"的开场要好很多。

结课导语内容往往与主题倾向、学生思想、课文拓展延伸紧密相连。结语时，通过教师富有激情哲理、富有总结性和感染力的语言，把学生的思想情绪由课文引向课外，引向现实生活，引向美好未来，深刻而有效的语文教育往往在这里实施。例如，《中国人失掉自信力了吗》的结课导语，可以这样设计：

> 鲁迅文章的结尾，往往给人以出奇制胜的力量。鲁迅的时代早已过去，但是鲁迅这种要建树起中国人"自信力"的呐喊，在今天仍有着很强的现实意义。我们学习这篇文章，就要怀着对作者深深的敬意，就要为作者当年没有实现的梦想，树立起我们中国人的自信力，为国家的强盛，为实现伟大的中国梦而作出应有的贡献。

这则结课导语，主要抓住鲁迅作品结尾的特点，抓住课文的灵魂"自信力"三个字，联系现实生活"中国梦"，今昔交织，具有强大的鼓舞力量和深刻的教育意义。

"教"要落实于"练"

"教"是从教师角度来说的,"练"是针对学生方面而言的。"教"要落实到"练"上,这种观点的基本意义,是在强调一个"练"字,是在突出学生主体角色。

1."教"落实于"练",意在增加学生课堂压力

教是指教师的讲课。通常情况下,教师讲,学生听;教师问,学生答;教师写,学生抄。这种教学常态的优点是可以充分体现教师的主导地位,但是学生的主体角色则被弱化。没有压力的课堂,学生自然成了名副其实的听众和看客,他们没有劲头,打不起精神,趴在桌子上软绵绵的。如何增加学生的压力呢?其途径和方法当然不胜枚举,如在讲课过程中,教师经常有意识地安排学生当堂训练,不失为一种行之有效的好方法。训练的内容或仿写修辞,或片段小语,或标题修改,或结尾添加,或标点更换等,一节课训练七八次,学生的压力就会大大增加,他们的主体意识就会得到及时唤醒,积极性就会被充分调动起来。这种练不是超出课文的单独之练,不是习惯意义上的考试之练,而是教学过程中围绕课文之练,意在促进他们通过"练"的实战,更深层次地理解和消化课文。从课文中来,到课文中去,小巧玲珑,短微精悍,教为练开路,练为教服务,教师的"教"与学生的"练"紧密结合,课堂教学格局就会大为改观和明显优化。

例如,在教学《沁园春·长沙》这篇课文时,教师可在有关教学环节中,分别让学生练习五次,其习题分别是:前三句的写作顺序是什么?其关键词是怎样体现的?"看"字统帅景物到什么地方?"问"字具有哪些重要意义?诗人"忆"的目的有哪些?"浪遏飞舟"是怎样体现本词高潮的?

这五个训练内容,就是五个压力。这里有语知,有内容,有基础题,有探

究题，动态为主，难易适中，教与练结合，对开发学生智力，培养和提升学生的语文素养是极有助益的。

2."教"落实于"练"，意在提升课堂教学效果

这是针对主体者学生来说的，学校一切工作都是为了学生；语文课堂的一切手段，也是为了学生。无论何种课型，无论运用什么教法，只要效果好，就是好课型，就是好教法。而要实现"抓住老鼠"的明确目标，学生训"练"是最好途径之一。"练"就是实践，实践出真知，"练"是硬道理。因此，语文教师不要错误地认为"练"是理科的专利，也不能片面地觉得"讲"是文科的传统。无论什么课堂，如果仅有教师空讲，缺少了"练"的环节，学生是不欢迎的，对教师来说也是一种缺憾。学生在单位时间里获得更多的知识营养，只有老师的认真授课还不行，只有学生的认真听课也不够，还要让学生真正成为学习的主人公，脚踏实地认真去"练"。练的基地当然是所学的课文，教师要精心设计习题，巧妙安排训练时机，让学生边听边练，边练边问，在听问练中完成课文学习任务。

例如，在教学《幼时记趣》这篇课文时，教师在推进过程中可先后拟出这些练习题，让学生在相关的教学环节中实地训练：本文运用了哪几个成语？它们分别表示了什么意思？首段领起全文的一个词语是什么？"物外之趣"与"物内之趣"有什么不同？本文出现了哪几个"然"类词？请指出它们的用法。癞蛤蟆在文中充当了什么角色？作者的视力怎么样，文中依据何在？从感官上来看，本文写了哪几种"趣"？本文的"趣"源何在？运用了什么修辞来写这个趣的？

针对这些训练题，教师讲课推进到哪里，就让学生在哪里及时训练。这样教师时而讲讲，学生时而练练，不仅课堂结构生动活泼，更主要的是学生可以获得更多的知识，教学效果自不必说。

最好"少用"多媒体

多媒体进入语文课堂已经有几十年的历史了，客观地说，它确实为中学语文教学产生过积极作用，如课堂容量增加了，教学手段更新了。但由此而带来的弊端也是不可小视的，如学生的阅读被挤压了，文字的感受与想象给干扰了，语文课非常看重的语感也被放逐了；教师过多依赖多媒体，还会制约老师专业能力的提升，很多老师得了"百度依赖症"，什么都依赖网上给结论，有结论没过程，思想容易碎片化、拼贴化。以上温儒敏先生的这些话语，好像是"危言耸听"，实际上却是我们必须面对的事实。所以，他建议语文课不用或少用多媒体，让语文课重新回到朴素本真的状态中来。

对于多媒体在语文课堂上的运用量来说，无非存在不用、少用和多用等三种情况。在具体到实际运作时，"不用"是绝对的，而少用和多用则是相对的。何为"少"，多少为"少"；何为"多"，多少为"多"。不仅是人为性很强的问题，也是因为课文内容丰富程度、篇幅长短等各异所致。

"不用"是不对的。如果从矫枉过正角度来采取果断措施，就要让多媒体从语文课堂上彻底消失，返璞归真，依然是"一支粉笔，一块黑板，一张嘴巴"，其实这是不对的。就目前中学语文本真课堂教学实际来看，不用多媒体者大有人在，很多老师特别是中老年教师，他们大多不用多媒体。这并非响应温先生的号召，而是本来对多媒体就不感兴趣使然，为什么呢？做课件、编程序、找下载、学操作麻烦。可是一旦遇到上示范课，或者是比赛课、职称考评课，有专家评委坐镇，多媒体又有赋分项目，他们不用就不行了，于是只好勉为其难。客观地说，多媒体对语文课堂教学来说，毕竟是一种高科技手段，画面、音响、文字等应有尽有，比之于教学挂图等方式显然要高明、丰富、便利许多。如果真的是"我的课堂我做主，绝对摈弃多媒体"的话，应该说这是一种不大不小的遗憾。

"多用"是不妥的。对于有些年轻的语文老师来说，课堂运用多媒体是他们的强项，是他们的拿手好戏和看家本领。于是每堂课总是以多媒体打天下，把教参内容编成课件，把网上音像图画尽数拿来，手不离鼠标，眼不离屏幕；黑板上没有一个粉笔字，一切内容和所有环节全由多媒体来承担，全用多媒体来展示；学生没有读书的机会，没有记录的时间，没有思考的余地，没有说话的权利。这些统统都被多媒体和老师占用了。例如，有一次，笔者在听课中发现，有一位年轻教师在教学《拿来主义》时，讲课照着多媒体朗读，问题和答案由多媒体呈现，学生都是集体性回答，整堂课教师忙得不亦乐乎，展示多媒体高达39次。课下问学生所得情况，他们大都一脸茫然。

"少用"是恰当的。多媒体是个好东西，但用得过滥、过多，则会适得其反，不偏不倚最恰当的那就是"少用"。它不考虑所用多媒体内容、质量和准度是否恰当合理，单从数次上来衡量，一堂语文课运用多少次才为"少用"，才比较合适。可见"恰当"是定性的，"少用"又是定量的。具体实施时，要根据课文的内容特点和篇幅长短来确定"少"到什么程度。一般情况下，难度较大的文言文、篇幅较长的现代文可用七八次，如《岳阳楼记》、《祝福》；篇幅短、难度小的课文三四次即可，如《咏雪》《荷塘月色》等。既然少用，就要注意节约，好钢用在刀刃上，用在关键处，如《济南的冬天》的四点关键处：内容要点概括、济南冬天特点、多层对比展示、济南在摇篮中。

一句话，语文课堂一定要有多媒体介入，但是要"少用"为佳。

教学生浓缩主题思想

一篇课文教学即将结束时，都要归纳主题思想，或教师概括，或学生提炼，一般在师生活动中完成。主题思想通常有一个大概定型的样式，像《藤野先生》这样：

> 这篇回忆散文记叙了作者留学日本时的生活片段，文章赞扬了日本学者藤野先生正直、热诚、认真负责，没有狭隘的民族偏见的高尚品质，抒发了作者对藤野先生真挚、深沉的怀念之情，并表述了作者当年弃医从文的思想变化和要同反动派斗争到底的决心，全篇洋溢着作者强烈的爱国主义思想感情。

这里提供的主题思想的例子是比较典型的，总结归纳也极为全面。但就主题思想本身来说，字数仍然显得过多，从高度凝炼的要求来衡量，仍然有再压缩、再精简的必要。将这个过程交给学生，其意义非同一般。①将主题思想内容分类，涉及两个人物，一是藤野先生，二是作者鲁迅。②将主题思想分类压缩。对藤野先生，主要涉及三个方面内容，由三个动词组成压缩内容："记叙"生活片段，"赞扬"高尚品质，"抒发"怀念之情；对作者鲁迅，主要牵涉两个方面内容，由两个动词构成压缩内容："表述"决心，"洋溢"感情。③将主题思想分清主次。根据课文记叙实情和主题思想表达倾向来看，藤野先生的优秀品质和作者鲁迅的爱国情怀谁主谁次呢？通过认真分析比较，大家一致认为，表现作者的爱国思想是主要的。其理由是：如果不爱国，鲁迅就不可能去日本东京留学，就不可能又从东京跑到仙台，不到仙台就遇不到藤野先生；如果不爱国，作者就不会弃医从文，告别藤野先生，又离开仙台。可见，本文虽然以"藤野先生"为题，也以较多文字记叙了与藤野先生的交往片段，但表现的主要方面则是作者的忧国忧民思想，回忆藤野先生只是一种方式，一种手段。一切动因都是"爱国"，没有作者的爱国思想，就没有本文的诞生。④将主题思想进行取舍。根据第三步分析和运作可知，本文归纳的主题思想涉及的关键词语有：回忆、记叙、片段、赞扬、正直、热诚、高尚、真挚、怀念、变化、决心、爱国等。如果从因果关系上来整理，这12个词语中，前11个都是"因"，都是次要的；只有"爱国"是结果，是主要的。如果作者不爱国，他就不会去日本学医，无缘藤野先生。如果剔次留主，本文的主题思想最后可以浓缩为"爱国"二字。

可见，教学生浓缩主题思想，具有如下两点意义：

一是可以加深学生对作品主题的印象。浓缩的过程实际上是对课文再认识、再理解、再回味的过程。概括是针对课文内容的，浓缩是针对主题思想的，都是提炼活动，只是所及的对象不同。对主题思想的浓缩，就是删繁就简，剔除多余而没有实在意义的文字，留下与作品内容、人物、情节和环境有关的定性类词语，如"爱国"的感情色彩和政治倾向就非常鲜明。可见，浓缩既是文字上的简明扼要，又是内容上的捡西瓜丢芝麻活动。通过这种行之有效的浓缩练习，学生对课文的印象和记忆就会更为深刻。若干年后，一提到《藤野先生》的主题思想，你就会毫不含糊、非常肯定地回答是"爱国"。

二是可以增强学生比较辩证识别能力。对主题思想的表述，文字一般都比较简短，多的一百来字，如《藤野先生》主题思想的归纳，少则几十字而已。对于所涉及的若干方面内容，孰主孰次，孰轻孰重，通过比较方才知晓，不是一眼就能看出的。这比较的过程就是辩证的过程，就是识别的过程。在这个过程中，要联系课文内容来思考，要通过因果分析来确定，要依据作者的感情倾向来定位。《藤野先生》的主题思想，就是通过结合课文反复比较、认真思考、辩证分析才最后获得了"爱国"二字的主题。这种浓缩主题活动，如果在每课归纳后都这样操作，久而久之学生辩证识别能力，就会获得全方位大幅度提升。

课堂教学应该教到什么程度

语文课堂教学教师应该教到什么程度，这个问题好像从来也没有人提出过、思考过和探究过。要回答这个问题确实有一定的难度，因为知识是无限的，教到什么程度也从来没有定制的标准。一篇课文、一种知识、一个概念，针对所讲的对象不同，讲到什么程度自然不同。从某种角度来说，讲到什么程度又似乎有一定的规律，是一种学问。课文表现的内容有深浅，学生知识的层次有高低，教师教学的能力有强弱，这些都在有意无意地制约着应该讲到什么程度为佳。笔者试从如下两个方面来做一些探究。

1.讲到主题思想的最深处

我们的语文课本是由单元构成的，而每个单元又是由若干篇课文组合的，对课文的教学应该成为我们课堂教学的主要内容。讲课文不能不概括主题思想，主题思想通常又是有几个概括性短句来呈现的，这些短句的排列，一般先浅后深，从方式到目的。排在主题思想前面的句子往往属于行文方式之类，如"本文通过……的方式，记叙了……"；排在主题思想最后的是其最深层的东西，如"揭示了……""表达了……""说明了……"。教师课堂教学时，不仅要讲到文章所用的方式方法等浅易的外在内容，更要讲到隐藏在课文最深处的东西。这样才能挖掘到蕴含的意蕴，让学生真正领悟文章的真意和精髓。

例如，鲁迅《故乡》的主题思想是："这篇小说以'我'回到故乡的见闻和感受为线索，通过闰土20多年前后的变化，描绘了辛亥革命后十年间中国农村衰败、萧条、日趋破产的悲惨景象，揭示了广大农民生活痛苦的社会根源，表达了作者改造旧社会、创造新生活的强烈愿望。"这个主题思想共有五个短句，其中前四句涉及"线索""变化""景象""根源"等表面内容，"愿望"是主题的深层所在。教学时一定要以它为重难点，而它的主要注脚是文中的一句话："希望本无所谓有，无所谓无的。这正如地上的路：其实地上本没有路，走的人多了，也便成了路"，于是讲"希望"与"路"的关系，讲"路"的比喻象征意义，讲"走"的重要作用，讲"走"的有关名言，讲作者的探索精神，讲作者心中之"路"的模糊景象。课文讲到了这样的程度，也就进入了主题的最深层。

2. 讲到知识层次的最难处

这是针对某种语知的教学来说的。语知涉及的内容很多，范围很广，从中、高考应试角度看，除了作文之外，语知的题量和分值仍然占有很重的比例。如果中考语卷总分150分，其中作文55分，余者95分。在这95分里，语知往往高达70分，尽管它们出自不同的试题板块。教师对课文的教学，纯粹讲语知的整段时间不多，语文教材上的修辞和语法也都放在附录或习题后面，不被人们重视。但在教学过程中，总是要经常有意无意地碰到语知，讲到语知，用到语知。这是因为，语知与课文的关系、与生活的关系非常密切，无时不在，无处不有。特别是在复习教学时，首先必须从语知讲起。每种语知内部都呈现出阶梯性，由浅入深，由易到难，由简单到复杂，由低级到高级。教学讲到什么程度为佳呢？回答是讲到某种知识的"最难处"。也就是说，从最浅显的基点起步，到难度最大的终点止步，形成阶梯，一级一级攀爬，一阶一阶上升，让所讲知识的方方面面都尽收眼底，没有缺憾，不留后遗症。如"拟人"修辞手法，别看它表现形式简单明了，易记好用，实际上它所承载的知识非常丰富。其需要讲的知识有：拟人是物的人化或人的物化，讲概念；把非生物拟人化、把有生物拟人化、把抽象物拟人化，讲分类；拟人的体现是动词，所用的动词必须富有人的特质，讲标志；判断选择比较拟人语句，讲辨识；使拟人对象更活泼生动、具体形象，讲作用；仿写拟人短句，讲运用；拟人与比喻、象征方法的联系，讲外延；诊治错用的拟人语句，讲评改。这八个知识点，都属于拟人知识范畴，其中最难处是后两个知识点。讲拟人方法，必须讲到这里才算终结，才使拟人知识系统化、网络化和清晰化。

语文教学应该讲到这样的程度，才称得上完美。

语文教学要"沉"下去

　　语文教学最容易浮在表面，这是为什么呢？因为语文课是关于口头语言和书面语言的课。语文教师面对的是书面语言，传达给学生的是口头语言。教师读读讲讲问问，学生听听想想答答，一节课很快就结束了。特别是喜欢高谈阔论的教师，他们善于渲染，能说会道，夸夸其谈，总难以落到实处。这样的课学生表面上并不反对，甚至还偶尔响起掌声。可是一节课下来，学生得到多少呢？他们那怅惘的眼神和茫然的表情说明了一切，而一到大考，这些班的语文成绩总是平平。学校调查的结果显示，教师讲课生动，充满激情，很受欢迎，但是教学效果一般，究其原因无他，教学浮在表面上。这就给我们的语文教师提出了一个严肃而又需要警醒的问题：语文教学一定要沉下去。

　　"沉下去"是从主导者教师角度提出来的，目的是为了课堂的主体学生获得更多的知识。"沉下去"就是脚踏实地，一步一个脚印，不走马观花，不虚无缥缈。在此基础上再生动活泼一点，幽默风趣一些，激情奔放一把，就是一堂扎扎实实的"沉下去"的好课。

1.语文教学要沉到词句里去

　　作品是由字词句组成的，重点词语一般是重点句子的灵魂，重点句子又往往是文章主题的落脚点。《永久的生命》的重点句是"凋谢和不朽混为一体，这就是奇迹"，重点词语是"奇迹"，如果失去了这个重点词语，它就很难成为重点句子，更不能揭示本文赞美生命的主题。一篇课文，能够体现主题的重点句子，少则一个，多则两三个而已，如《孔乙己》的重点句子是"孔乙己是站着喝酒而穿长衫的唯一的人"，重点词语是"唯一"。如果我们在教学中沉到词语里去，就要抓住课文的重点词语认真赏析，从不同角度、各个方面去反复品味。同时，对那些非重点而用得精妙、富有灵性的词语，也可以有选择地进行赏析。例如，朱自清《春》

中的一句话："小草偷偷地从土里钻出来，嫩嫩的，绿绿的。"这句话的重点词是动词"钻"，但是我们可以品味"偷偷"这个叠词的妙用。通过研讨活动，获得的意味是非常丰富的：它是贬词褒用；它表现了小草的可爱；它写出了小草不声不响生长的状态；它运用了拟人的方法；它突出了小草生命力的顽强；它说明小草生长环节的安静；它呈现了小草自由自在的特点；它印证了动词"钻"的过程。这就将教学内容落实到具体的词语上，教学"沉下去"，效果上来了。

2.语文教学要沉到意境里去

记叙性作品在初中语文中占着绝对超重的优势。这类课文总是有若干个意境构成的。意境在文中所占用的文字可多可少、可长可短。对于课文呈现的大大小小、各种各样的意境，教学时不能只是明确它、欣赏它、分析它，还要让我们每个人都走入意境，即所谓的入文入境、身临其境，成为意境中的一分子，是意境中的参与者，不能站在意境的外围当旁观者。如果教学时师生都沉到意境之中，不仅可以获得意境里的真切感受，而且还会加深对意境内容的理解。例如，《老山界》中的一段描写：

> 半夜里，忽然醒来，才觉得寒气逼人，刺入肌骨，浑身打着颤。把毯子卷得更紧些把身子蜷起来，还是睡不着。天上闪烁的星星好像黑色幕上缀着的宝石，它跟我们这样地接近哪！黑的山峰象巨人一样矗立在面前。四围的山把这山谷包围得像一口井。上边和下边有几堆火没有熄；冻醒了的同志们围着火堆小声地谈着话。除此以外，就是寂静。耳朵里有不可捉摸的声响，极远的又是极近的，极洪大的又是极细切的，像春蚕在咀嚼桑叶，像野马在平原上奔驰，像山泉在呜咽，像波涛在澎湃。不知什么时候又睡着了。

这个意境的名称可以叫作"雪夜山腰休息"，空间阔大，画面雄壮。作者以动写静，静得耳朵里能够听出各种细微的声音。教学时如果我们走进这幅画面，沉到这个意境中去，就会受到深切的感染，对红军战士的坚定顽强精神，就会顿时肃然起敬。

小不点儿担大用

人们通常称标点符号为"小不点儿"。它们的占位确实很小，最多的是两个汉字字符，如破折号、省略号、引号、括号、书名号等；大多只占一个字符，如逗号、句号、叹号等。别看标点符号都是些小不点儿，不引人注目，读书、学习和写作时人们往往熟视无睹，甚至忽略不计，实际上它们却能够担当大用呢。

1. 担当强化情感大用

我们知道，作者要表达某种感情，总是通过某些词句来实现的，思想内容在词句中，感情色彩也在词句中。如果感情充沛，字里行间必然渗透着感情的潮水；如果情感淡化，或者达情一般，用词造句也会显得平淡无味，简单无情。但是如果想强化某种感情，仅仅依靠词语和句子，那是达不到预想效果的，必须通过句末标点符号的密切配合才能完成完美。例如，《我的老师》中有这样一句话："一个孩子的纯真的心，就是那些在热恋中的人们也难比啊！什么时候，我能再见一见我的蔡老师呢？"这里有两个句子，前者表示感叹，以叹号（！）为标志；后者表示疑问，以问号（？）为标志。前者通过与热恋之人相比，表达了对蔡老师的依恋之情，强调了想念蔡老师的深重程度；后者是问别人，也是问自己、问大地、问苍天，问中充满了希望早点见到蔡老师的热切渴望。可见，这两个标点符号，对作者感情的抒发产生了极为强化的作用。如果去掉它们，句末运用常见的逗号或者句号，这种情感虽仍然存在，但强化意味也就消失尽净了。

2. 担当激发联想大用

联想是人的本性，每个人都具备这种思维功能。那些童话故事、神话故事、民间故事、科幻故事等，都是创作者联想的产物。摆在我们面前的语文课本，是语文学习的主要材料，通过阅读、理解、分析、欣赏，就会获得丰富的语文素养。我们知道,作者的创作必须通过读者的联想作用,才能使作品内容最大化、最优化,才能与作者和文中人物产生共鸣。我们在教学中发现,可供联想的关键地方,大多并非那些白纸黑字组成的文字,而是标点符号,这里主要是指省略号。例如,"同学们在嘻嘻哈哈的笑声中和他一起分享着欢乐,只有老师悄悄背过了身……"这句话出自课文《甜甜的泥土》,这里写的是老师看到王小亮分发已经离异不在身边的亲生母亲送来的生日奶糖时的表现。老师为什么要"背过了身"呢?老师见此情景想到了哪些呢?又生发了哪些情感呢?这些内容,都隐含在这个不起眼的省略号中,一下子将我们的创作火花点燃起来,将我们的联想情绪激发出来。如果此处不用这个省略号而改用句号,这些内容和作用就都不复存在了。

3.担当模拟声音大用

常言道,"标点符号是无声的语言",也就是说它只能表达意义,而无法读出声音,一般情况下,也无须读出声音的。实际上,不少标点符号是能够读出声音的,也应该读出声音,只有读出了声音,它的作用和价值才能显示出来,如叹号,读的时候要表达出强烈的高声,读出"强音",这强音要落到句子最末一个字上;如问号,特别是反问句中的问号,要读出强烈的质问之语调、谴责之重音,让对方和读者震撼心魄。可见,标点符号非文字,拟声功能却尚存。《从百草园到三味书屋》中有这样一句话:"铁如意,指挥倜傥,一座皆惊呢~~;金叵罗,颠倒淋漓噫,千杯未醉嗬~~……"这里的"~~"就是一种特殊的标点符号,是鲁迅的独创。它的模拟发声的特点更加明显,权为"拟声号"吧。它既表示了声音的延长,读的时候要拖音、拉长;又表明声音的震动,读的时候要在喉咙里发出颤音。这个特殊的标点符号的运用,把寿镜吾先生朗读时全身心投入、忘乎所以的情景表达得淋漓尽致,一位拉着长腔、声音震颤、摇头晃脑的私塾老先生的形象跃然纸上。标点符号模拟出人物的声音和情态,此处可以叹为观止。

这样阐释的意义,一是告诉我们不要轻视小小的标点符号,要把标点符号与所用的文字合在一起去体悟,去联想,去创造。二是提醒大家,练笔时要善于准确运用标点符号,大胆尝试,不断创新,不要一逗到底,从而为写作内容准确完美的表达助一臂之力。

语文教学延伸之"伸"

语文课注重"文道统一"，就是要把文章的思想内容和表达形式统一起来，兼顾语文训练和思想教育，强调语文基础知识和基本技能，培养学生阅读能力和表达能力，以提升语文课堂教学效率。因此，从某种意义上看，无论教学哪种体裁的课文，教师在起始特别是收束的时候，都要传达一定的延伸内容，这是"文"的需要，更是"道"的要求。延伸是必需的，但"伸"展多远又是很有讲究的，不是伸得越远越深越好。

1.伸得要合情

"合情"就是要合乎客观事实之情，合乎主观感受之情。这个原则在延伸的时候应考虑周详，尽可能做到伸得恰如其分，"不深不浅种荷花"。如果伸得不远，教学内容就显得淡如凉白开；伸得过远，思想内容就显得牵强好似扯皮筋，都是不妥当的。无论何种体裁的课文，其内容都是有感情有温度的。直接达情的温度要高一些，间接寓情或客观为主的情感温度自然要低一些，教学时应该以此为据而行延伸之举。文学作品虽然高于生活，但也应该是客观世界的真实反映，延伸的内容也必须符合这种真情。如果违背了这一原则，不仅延伸效果不好，还会给人过分拔高或无力开掘的错觉。例如，教学《散步》这篇课文时，有一位教师在结束时这样延伸：

> 莫怀戚先生犹如一名技艺高超的摄影师，他以其敏锐的观察力，抓住了家庭生活中几个平凡的"散步"小镜头，写出了一家三代四口之间真挚而深沉的爱。是的，亲情是美好的，它像美酒一般的醇香醉人，像橄榄一般的有滋有味有情趣。我们在成长中解读亲情，在成熟中品味亲情，就要像他们走大路还是走小路发生分歧最后统一起来那样，走好自己的路，让

别人去说吧；一带一路，在家庭和谐的康庄大道上不断前进。

这个结束语就是对这篇课文的延伸，就内容来看伸得是否合情呢？回答当然是否定的。"走好自己的路，让别人去说吧；一带一路，在家庭和谐的康庄大道上不断前进"的内容明显延伸过远，甚至可以说与课文几乎无关，牵强附会。

2. 伸得要合理

"合理"是指合乎道理或事理。"理"主要是指客观世界之理、自然法则之理、课文内容之理。在教学延伸的时候，一定要遵循客观真理，"客观实际是空气，想象力是翅膀"，遵循客观真理，就像人必须呼吸空气那样概莫能外，离开了空气、离开了客观事实的真理，人就无法存活，延伸课文内容也是这样。如果延伸的内容不符合甚至违背了客观之理，延伸就会露出勉强的痕迹，就会遭人质疑甚至指斥，延伸也就失败了。无论是文学作品还是非文学类课文，所写的内容都应该符合客观真理，或历史之理，或现实之理，或发展之理。教学延伸的时候，首先要明确课文表现或渗透的客观之理何在，然后才在这个"理"的基础上，尽可能地扩展开来，总结课文内容，延伸作品宽度，增加课文余味，让学生获得更丰富的理性教育和情感熏陶。例如，《孙权劝学》这篇课文，有一位教师在总结时是这样延伸的：

> 通过本课的学习，我们应该认识到，无论多大年纪，无论做什么事情，都必须不断地学习，才能跟上社会前进的步伐，才能挺立于时代的潮头。就在这节课将要结束的时候，老师送给你们一些富有哲理的话予以共勉："读书好，好读书，读好书""活到老，学到老"。希望大家在知识的海洋里，乘风破浪，扬帆远航。

这个延伸内容虽然符合客观事理，可是如果与课文结合起来，很多语句显得太大、太空，华而不实。说与原文无关却又有一定的关联，说与原文有关却又貌合神离。原文的内容是吕蒙以"忙"为借口放弃学习，孙权以自己为例劝其学习。如果从这个角度进行扩展延伸，就比较恰当合群了。因此，合理首先要合课文内容之理。

写景也有高潮

语文领域中的高潮，通常是指叙事性作品中矛盾冲突发展到最紧张、最尖锐的阶段，如小说高潮、戏剧高潮。本文所说的高潮是它的第三个义项，即比喻事物高度发展的阶段，是专指写景达到的最高阶段，写景也有高潮。

客观的自然景物应该是有高潮的，如落叶植物，冬天被剥落得干干净净，春天开始发芽长叶，到了夏天，猛长得枝繁叶茂，这就是它们的高潮。写景是作者的创作行为，明显带有主观意识，文中景物高潮是作者安排的，但必须符合客观世界中某种景物的真情，又要为文中的人物或主题服务。为什么只有小说才有高潮？为什么只有戏剧才有高潮？为什么只有记叙文才有高潮？为什么在我们的语文课本里没有关于景物也有高潮的概念和说法？为什么没有人注意和要求给这种知识空白填实？这些提问可能引发的回答是：还没有建立这种知识体系，还没有认识到景物和写景这种高潮的存在。

"在苍茫的大海上，狂风卷集着乌云"。这是《海燕》中的第一幅海景，涉及"大海""狂风""乌云"三种景物，合在一起形成景物发展的初级阶段，相当于开端，也粗线条地勾勒出了海燕所处的基本环境。"雷声轰响。波浪在愤怒的飞沫中呼叫，跟狂风争鸣。看吧，狂风紧紧抱起一层层巨浪，恶狠狠地把它们甩到悬崖上，把这些大块的翡翠摔成尘雾和碎末"。这是《海燕》中的第二幅海景，巨浪、狂风、雷声、闪电四者合在一体，混在一处，短兵相接，近于肉搏，你死我活，战斗激烈，从而形成海景的高潮阶段。"一堆堆乌云，像青色的火焰，在无底的大海上燃烧。大海抓住闪电的箭光，把它们熄灭在自己的深渊里。这些闪电的影子，活像一条条火蛇，在大海里蜿蜒游动，一晃就消失了"。这是《海燕》中的第三幅海景，乌云在燃烧，大海在行动，闪电在消失，相当于结局和尾声阶段。可见，从情节角度对这首散文诗景物描写这样分析定位，不仅符合海景客观实际，也与俄国大革命前风起云涌的政治形势相吻合，同时也有力证明，景物和景物描写也是有高潮的。

再看《济南的冬天》，"小山整把济南围了个圈儿，只有北边缺着点口儿。这一圈小山在冬天特别可爱"。这是写"小山"之景的"可爱"，给人形成总体印象，是写景的开始阶段。"山尖全白了，给蓝天镶上一道银边。山坡上，有的地方雪厚点，有的地方草色还露着，这样，一道儿白，一道儿暗黄，给山们穿上一件带水纹的花衣"。这是写小山有了积雪的特点，色彩明丽而静美，是写景的发展阶段。"看吧，由澄清的河水慢慢往上看吧，空中，半空中，天上，自上而下全是那么清亮，那么蓝汪汪的，整个的是块空灵的蓝水晶"。一个"看吧"，一声呼喊，一次重鼓，把景物描写推向高潮。在这里，画面宽广，范围阔大，天上地下笼在一起，夸张比喻，尽显美好景象，突出了济南冬天的"清亮"和"空灵"。可见，这篇散文在写景上，由小山到老城，由远景到近景，由个体到群体到立体，不仅体现了作者高超的写景层次，同时也有力证明，景物和景物描写也是有高潮的。

上面两例充分说明，写景高潮的位置可以在中间，如《海燕》；也可以在结尾，如《济南的冬天》。但这种高潮与故事情节高潮不同，它是由作者主观与景物客观二者紧密结合构成的产物，具有两个明显特点：一是低潮与高潮中的景物内容和对象要基本一致，如《海燕》的几幅图景中就始终有大海、乌云、狂风、波浪，正是它们的表现不同，变化和特点不同，才构成了景物的低潮、高潮和结局。二是通过一定的顺序、层次或视觉观察，让景物对象不断增加，不断丰富，景物画面不断扩大，不断恢弘，以此形成高潮，如《济南的冬天》由山上、山尖、山坡、山腰、村庄、水气、水藻到上空、半空中、天空上，先后有序，彼此联系，最后慢慢升至高潮。

语文课堂活动不能单一化

从形式上来说，没有活动的课堂肯定是一潭死水，而开展了活动的课堂也不一定就生动活泼。如果缺乏多样性、太过单一化，难免呆板沉闷，效果同样不佳。也就是说，如果某一种活动形式在课堂上频繁运用，单调而勉强地维持课堂活动之名，那是值得商榷的。课堂活动单一化的主要原因不在于学生，而是教师固有的传统教学习惯所致。课堂活动单一化的表现主要有：

1.课堂仅有集体朗读活动

课堂集体朗读确实是一种沿用已久、简单易行的语文活动，甚至是一种震撼课堂、富有鼓动性的主要活动形式之一。当学生大多恹恹欲睡、状态低迷而提不起精神的情况下，来一个集体朗读，会让课堂马上恢复情绪高涨的状态。但是如果每次活动都表现为这种形式，就会停留在活动的表面，内容单调，形式单一，没有内涵，没有韵味，没有难度；有的是热闹，有的是轻松，有的是气氛。严格地说，这样的活动即使放在小学任何年级，也是低层次的。例如，笔者在一次七年级公开课上发现，有一位中年教师，在教学《海燕》这首散文诗时，就单一地采用了这种集体朗读形式。整个课堂共集体朗读了五次，分别是：第1—6节即第一幅画面一次，第7—11节即第二幅画面一次，第12节至文末即第三幅画面一次；开始入课时完整地朗读全文一次；结束课文时又集体朗读全文一次。我们且不论这五次集体朗读是否恰当合理，也不谈课堂状态是否进入了高涨，单是活动存在着唯一性就让人质疑。除了这五次活动之外，这节课上再也没有见到学生其他方面的任何活动：没有默读、思考，没有辩论、练笔，没有师生互问，没有上台演示。

2.课堂仅有师生问答活动

教师在课堂上的语言表达，主要是"讲"和"问"两种形式。其中"问答"也包括两个方面，一是教师自问自答，二是师生互相问答，运用较多的往往是后者。通过师生问答，推进教学流程，已经成为大多数教师惯用的推进方式。教师在课堂上的提问，是教学的基本方式之一，学生针对教师的问题，也自然要积极应答，这是一种常见的课堂活动，其本身是无可厚非的。但如果仅有这一种活动形式，那就未免太过于程式化了。语文课堂活动应该带有综合性，丰富多彩，形式纷呈，彼此补充，相得益彰，这样的课堂才可以喻之为一泓活水。可是我们有的教师既没有研究课堂应该开展哪些形式多样的活动，也从来不去考虑光有问答这种单一的活动是否不妥，始终是"我问"打天下。于是在他的课堂里，总是师问生答，一问一答，而且所问的问题也十分简单。因为老师知道，问难了，学生不能随口就答，有碍课堂热烈气氛形成。例如，笔者在一次公开课上发现，有一位老教师在教学《散步》这篇课文时，是这样提问的："本文发表在什么时候？""《散步》的作者是谁？""他们在什么地方散步？""在什么季节散步？""有哪些人散步？""这天天气怎么样？"这些问题，教师好问，学生易答，毫无内涵。至于"为什么散步""散步的高潮何在""散步中有哪些曲折"等稍微有点难度的问题，却没有呈现出来，这种仅有简单的问答活动，显然是低层次的。

3.课堂仅有学生默读活动

学生默读是课堂常见的一种无声活动。教师让学生默读课文，也是让学生熟知课文的有效途径，无须异议。这种活动是教师最省心的，课堂鸦雀无声，没有学生提问，充分享受宁静。可是这种默读活动一多，时间一长，很容易造成课堂冷场现象，气氛沉闷就在所难免了。例如，有一次笔者随意走进了一位青年教师的课堂，这位教师上的是《林黛玉进贾府》，他先后安排了五次默读活动，每次默读大约都在四分钟左右，默读之后紧跟着是教师串讲，形成"生默读—师讲析"反复呈现的格局。也就是说，这节课没有一次学生发声活动，有声语言都是教师的独家专利。不能说这节课没有开展活动，不是有五次默读活动吗？这堂课之所以如死水一潭，就是仅有默读这一种单项活动所致。

语文课堂活动不能烂漫化

从频率上来说，语文课堂教学没有活动不行，这是所有教师的共识。可是如果盲目地认为课堂活动越多越好，多多益善，毫无节制，就又步入了另一个极端，导致课堂活动泛滥成灾，这也不行的。

1.课堂活动过多会影响教学任务完成

从教师角度来说，教师是掌控活动的主导，学生是参与活动的主体。调动学生活动的积极性，无疑是教师课堂教学的第一要务。但调动要适度，活动要恰当，这是活动的学问，也是衡量活动的价值所在。有的教学内容和环节不一定非得要开展活动，或者活动的次数不一定非要那么频繁。活动到了一定的程度，就要戛然而止，马上收回来。可是有的老师一到活动的时候，就忘记了教学任务的基本初衷，使尽浑身解数，让学生尽情活动；学生越活动越有劲，越有劲越热烈，课堂成了闹哄哄、乱嚷嚷的场所。到了下课铃声响起的时候，教师才发现放了野马，致使教学任务没有完成，悔之晚矣。例如，有一位年轻教师，在教学《藤野先生》这篇课文时，围绕"盘辫子"的内容展开了频繁的活动，师生问答7次，生生之间互动8次，总共达15次之多，占时11分钟。这位教师本来是打算这节课推进到"仙台"一段的，结果门房里"学跳舞"的内容也没有涉及。况且这"盘辫子"内容并非教学重点，即使活动，也没有必要安排这么多。可见，活动过多严重地影响了教学预期目标的达成。

2.课堂活动过多会造成教学浮在表面

从知识角度而言，语文课堂教学是一种有物有序、形散神聚的综合行为，为之而开展的各项活动，必须科学合理，实用有效，时而紧张激烈，时而舒缓从容。这样的活动才会对课堂教学产生积极的助益作用。实际上，有的老师在平时的教学中并不重视学生的活动，甚至一节课一次活动也没有，可是一旦到了赛课的时候，他们则一反常态，将活动搞得眼花缭乱，目不暇接，学生个个精神振奋，摩拳擦掌，千方百计表现自己，生怕落于人后。这样的活动必然是问得多答得快，群体多个体少，外在多内涵少，形式多内容少。表面看，这样的课堂给人的印象是师生配合默契，学生的积极性得到充分发挥，似是一堂好课。可是课下问问学生的收获时，他们表现出一脸茫然、一头雾水之状。何哉？原因很简单，活动的内容大多浮在表面，所及的知识没有沉下去，深下去。例如，有一次县级赛课，笔者听了一位年轻教师的《海燕》，这节课的活动多得惊人，经过统计，学生个体活动12人次，群体活动69人次，总共达81次。整个课堂流程几乎都是在师生问答中推进的，而且问与答的问题都非常简单，如"本文标题是什么？""海燕！""海燕是什么？""一种海鸟！""这是以什么为题？""动物为题。"试想，这样的课堂活动，与孩子们"过家家"做游戏有什么两样？

3. 课堂活动过多会造成学生浮在表面

从学生角度定位，课堂活动过多，学生表面上是活动的主体，实质上则成了活动的奴隶。因为他们不是活动的驾驭者，而是被活动捆绑了、左右了的顺从者。他们的思想情绪是随着活动的进展而流动，他们的言行举止被活动的潮流拖拽前进，他们顺着潮水随波逐流，泛滥不羁。他们想不活动都不行，因为全班同学形成了一个整体活动气场。可这样的课堂，学生并不感到沉闷，甚至异常活跃，因为气氛热烈；他们也不觉得吃力，因为没有任何压力；他们更不感到困惑，因为他们没有时间进行思考。我们无须说过多的活动影响了对内容的深入云云，单是学生动笔记录的时间也被挤占得尽光就值得否定。例如，有一次赛课时，由于课堂活动过多，笔者发现坐在身边的学生没有一人动笔记录。

语文课堂活动不能刻板化

从节奏上来说的，语文课堂开展活动总体原则是宜多不宜少，通过行之有效、生动丰富的课堂活动，让学生的智力因素和非智力因素都得到尽情开发。无论是针对教学内容还是从课堂推进过程来看，课堂活动应该呈现明显的疏密性，时而紧锣密鼓，时而稀稀疏疏。如果始终是一种活动状态，如"大弦嘈嘈如急雨"，紧密急切，或者如"凝绝不通声暂歇"，稀疏松慢，刻板呆沉，效果当然不佳。

在一般问题上要疏，在重点难点上要密，这主要是针对课文内容来说的。无论是何种体裁的作品，也不管课文反映什么内容，从其承载的实际情形来看，总会存在着重点与一般、主要与次要之分。遇到重难点内容，开展的活动就要繁密一点、紧凑一点，而针对一般性内容，开展的活动则应该简慢一些、稀少一些。这样就会让课文重难点内容显得异常突出，这是活动的基本原则。

例如，有一位老师在教学《藤野先生》这篇课文时，针对课文重点章节"看电影事件"，开展了这样三项活动：①让学生集体朗读语段文字；②要学生简要概括情节要点；③思考回答鲁迅"意见却变化了"的重大意义。这三项活动虽然是紧扣语段内容来设计的，从课堂活动的一般要求上来评价固然是可行的。但是活动形式单一，密度松散，如果从突出重点上来要求和衡量，显然值得商榷。恰恰相反，另一位教师在这一情节上的活动就好得多了：①聆听：名家录音朗读；②动笔：描绘鲁迅当时看电影的场面；③辨词：四个位置"中国人"含义有什么不同；④分析："'万岁！'他们都拍掌欢呼起来"单独成段有何作用；⑤提炼：用一个词语概括鲁迅当时的思想感情；⑥讨论：鲁迅"意见变化"的原因有哪些；⑦探究：鲁迅弃医从文对中国革命具有哪些重要意义；⑧群读：集体大声朗读这部分文字。

这样活动，一个接着一个，如紧锣密鼓，似疾风骤雨，使重点内容得到明显强化，加深了学生对课文主题的印象。

在环节过渡处要疏，在高潮兴起时要密，这主要是针对课堂结构来说的。整个语文课堂的推进应该像一场大戏，有开端、发展、高潮、结局。这些阶段的构成与关联，实际上就是教学环节的分界与连接。环节与环节之间自然存在着转换和过渡，如果从课堂教学方面来看，环节之间过渡的活动应该少一些、慢一些，意在让学生有所思考、有所转换，不至于匆忙或突兀。进入高潮环节以后，活动就要多一些、充分一些，从而使课堂高潮得到淋漓尽致的展示。这样做的目的是让学生的活动情绪达到高潮，共同推进课堂气氛也达到高潮。试想，如果一堂课的教学氛围从来没有出现过高潮，说明学生的活动也从来没有达到过高潮，那么这堂课显然是平淡苍白的。

例如，《孔乙己》在主人公第一次离开咸亨酒店之后，作者安排了一个过渡段："孔乙己是这样的使人快活，可是没有他，别人也便这么过。"课文的过渡自然决定了教学环节的过渡，在这个明显的过渡处，也自然是要让学生活动的。但由于过渡是为上下文服务的，所以活动可以少一些、简一些，节奏应该疏一点、慢一点。目的是让过渡处的活动也起到课堂环节承上启下的牵引作用，从而和谐顺畅地到达下一个教学环节。此时教师可根据情节变化开展三个方面活动：①筛选寻觅：这个过渡段体现的指代性标志词语有哪些？学生回答："这样""这么"；②分析鉴赏：过渡段的作用通常有承上、启下、既承上又启下等三种情况，这个过渡段属于哪种情况？学生回答：第三种；③思考判断：这里的"别人"主要是指什么些人？学生回答：孔乙己第二次出场前在酒店里喝酒闲聊的人。这样不紧不慢的三次活动，就将课堂教学很自然地推进到下一个环节。

语文课堂教学的浮躁表现

语文课堂教学的浮躁，是指在教学中教师没有耐心，缺乏韧性，对课文内容讲解走马观花，对知识传授大而化之，对学生要求泛泛而谈，浮在教学表面，飘在悬虚空中。语文课堂教学的浮躁表现，主要有如下两种：

1. 只见森林，不见树木

我们平时所说的"只见树木，不见森林"的意思是比喻只看到局部，看不到整体或全部。这里倒过来运用，是指语文课堂教学只注意整体或全部，而没有落实到具体的内容上，也就是说，犯了"远视"的毛病。有这种浮躁特点的教师，教学时总是将目光投向远方一大片浓荫匝地的"森林"，至于近处那一棵棵郁郁葱葱、直挺秀顾的"树木"，却视而不见，所以给学生的知识总是粗浅的，给学生的印象也是模糊的。换句话说，就是教师在讲课时，山高水远，夸夸其谈，大话空话充斥着课堂，甚至浮想联翩，越走越远，就是不能落到实处，落到课文的字里行间。主导者教师表现了这样的教学风格，培养出来的学生自然是好高骛远。例如，有一位老师在讲到《从百草园到三味书屋》中"所谓不知道者，乃是不愿意说"时，说了这样一段话：

> 大人的特点总是深不可测的，他们对小孩子往往看不起，自以为有丰富的知识和经验，有力气，有能力，有经济大权，能够管辖和左右孩子们的言行举止，对孩子们提出的问题，他们通常是不屑一顾，懒得回答，不愿意吐露真情。可孩子们呢，遇到这样的大人总是心有芥蒂，心生不满，但又无可奈何，他们与大人的代沟就这样形成了。

这段教学内容，是关于大人与小孩的个性差异及不同特点的归纳和总结，把文中这句话一下子引向远方，学生就由课内一下子走向很远的课外，对小孩

"我"的心理特点和大人寿镜吾先生的个性，并没有丝毫涉及与落实，自然架空了对这句话具体内容的分析和理解。

2. 只知其一，不知其二

"只知其一，不知其二"是指仅仅知道事物的这一个方面，而不知道它的另一个方面。教师在教学时，不是将知识深入细致地解剖，不是将知识与其他内容紧密地联系起来，而是就知识的本身意思去阐释。这虽然比较具体实在，也能给人一定的印象，但同样是浮躁的表现，只不过这种浮躁不是假大空，而是浅窄小，点到为止，不能举一反三、触类旁通。究其原因，是教师本人知识有限而导致教学时的捉襟见肘，还是教师已经养成了这种浮躁的教学习惯而导致习惯成自然，都未可知。这样教学的结果是，学生只知其一，不知其二；只知是什么，不知为什么，更不知怎么样，粗枝大叶，不求甚解，其课堂效果可想而知。例如，有一位教师教学《最后一课》讲到"写了两个大字，'法兰西万岁'"时，是这样说的：

> "法兰西万岁"翻译过来的汉字是五个，可是在法语里却是两个字，一个字是"法兰西"，另一个字是"万岁"。它表现了韩麦尔先生对祖国语言的热爱之情。

这里只抓住了先生热爱"法语"的基本意思，至于先生的爱国方面、情感方面、用力方面、细节方面、情节阶段方面等知识都丝毫没有涉及，而这些知识在这里又都是明明存在着的，应该要讲到位、讲明确、讲具体。如果到此为止，虽然也能过得去，但很多有价值、有意义的教学内容都被浮躁掉了，实在令人叹惋。

语文课堂教学的浮躁是一种心理状态，要克服浮躁教学的弊端，关键是要解决教师的浮躁心理。浮躁的原因，也许包括两个方面：一是或多或少地受各种浮躁因素的消极影响，导致心理失衡；更主要的是自身长期养成了浮躁教学的习惯，可自己并没有意识到，久而久之习惯成自然了。

论文灵感应该源于课堂

有的语文老师看到那么多同行有教育教学研究论文发表，羡慕之，心动之，行动之。可总是不能如愿，报刊上始终没有他们的一席之地。于是他们感到困惑，感到悲观失望，经常冥思苦想，也试图模仿别人写点东西，可结果仍以失败告终，最后归结到自己没有写作灵感上。实际上，我们每位中学语文教师都有写作灵感，它来自名家文章的阅读，来自备课时的思维灵动，更应该来源于课堂教学之中。

灵感源于课堂教师教学直觉。直觉就是直观感觉，即没有经过分析推理的观点和看法。直觉是人们的第一印象和结论，如这个人是"美"的，那件事是"错"的，他的话是"对"的。至于为什么"美"、"错"在何处，"对"因何在，都没有经过大脑认真研究和分析。直觉也是一种思维，来得快捷迅速。直觉思维也称非逻辑思维，没有完整的分析过程与逻辑程序，依靠灵感或顿悟迅速理解并作出的定性判断和结论。直觉思维又可以称之为直接领悟思维，具有直接性、敏捷性、简缩性、跳跃性等特点，它是逻辑思维的凝聚或简缩，是写文章的最初灵感之源。有了这种灵感，形成某种观点，就有了可写的选题。例如，教师在教学《孔乙己》这篇课文时，对"他在我们店里，品行却比别人都好，就是从不拖欠"这句话就直觉感到有文章可做。实际上，孔乙己不但"拖欠"，而且至死未还，他的品行好在哪里？即使有还过账的经历，也是为了喝酒之需，况且这还账之钱并非他的劳动所得，他的品行又好在哪里？那么作者为什么要说"品行却比别人都好"呢？这个问题很值得深究，这个选题就很有写作价值。

灵感源于课堂学生质疑发现。学生在课堂上的角色定位是"主体"，如果教师把他们真正当作课堂的主人，并充分发挥他们的聪明才智，他们积极思维、勇于发现的热情就会空前高涨，甚至能够大胆提出教师所意想不到的新问题、新见解。学生的积极性如果被调动起来，他们的思维和智慧要比教师活跃得多、丰富得多。来自他们的这些质疑、发现和见解，往往是教师所始料未及的，有的正是我们写文章的最好选题，是教师最难得、最宝贵的写作灵感之源。这时，教师不但要鼓励学生违反常情进行多向或逆向思维，而且应该及时地记住它，与学生一道去探究它，充实它，丰富它。例如，某位教师在教学《藤野先生》这篇课文时，有位学生就提出了不解之疑：鲁迅是一位大学问家，可他也有不听老师话的时候，竟然有意把血管图画错了，老师批评时他还不高兴呢？另一位同学又提出：鲁迅离开仙台时，明明是去"从文"，却说"学生物学"，这不是对老师"说谎"吗？两个疑点，两个发现，综合起来，就可以形成选题《鲁迅的两点"不是"》，通过多角度阐发，不仅可以延展课文内容，而且对学生的教益也是极其深刻的。

　　灵感源于课堂高潮情境启示。课堂是师生互动的主要场所，在这里经常会出现围绕一个内容而争论不休的情形，其内容可以是一个词语、一个句子，甚至一个细节。出现争论是课堂活跃的表现，是教师最想期待的现象，也往往是课堂活动的高潮。可以这样说，课堂每个高潮的出现，都是教师去捕捉写作灵感的好机会。因为这时学生的学习注意力高度集中，思考力表现也最为充分。真理会越辩越明，问题会越说越清。在高潮情境中，涉及有价值的选题也会纷呈迭出。因此，教师不仅要尽可能地制造高潮的因子，更要在高潮情境中善于发现若干写作选题，总结和归纳高潮情境所获得的启示。例如，在教学《社戏》这篇课文时，关于重点句的位置取向问题发生了争论，有的同学说是在开头"但在我是乐土"；有的同学说是在结尾"一直到现在，我实在再没有吃到那夜似的好豆，——也不再看到那夜似的好戏了"，都有充分理由。在此基础上获得的启示性灵感选题：重点句的规律、重点句的价值、重点句的特征、重点句与主题、重点句与标题等。

评改式课型三部曲

具有探究精神的老师和富有求异思维的学生遇到一起，最容易碰撞出耀眼的智慧火花。于是也就很容易把老师讲、学生听的传统课堂，转变成为评改式课型。他们将目光和思绪都集中到教材上，最容易发现课文中写得精妙的地方和他们认为的不妥之处，评改就是在这种情况下发生的。评改式课型最容易开展活动，也最富有魅力，很受学生的好评和期待。评改式课型的程序须有三个步骤，即"三部曲"。

1.评改的起点是发现

发现是一种可贵的品质。"主动地发现问题和探索问题"是语文课程标准赋予我们的神圣使命。发现是艰难的，积极进攻才能冲开发现的大门；发现是愉悦的，只有智者才能享受到它的乐趣。有了发现，我们的课堂才异彩纷呈，充满能量。因此，教师在备课和教学中，要积极主动地去发现新问题，捕捉新信息，获得新感悟，并将这种发现瞬间传递给学生，变成他们的探点和趣源。当他们获得了求异、求新、求趣的因子之后，就会大胆积极地去探索。于是课堂活跃了，师生共同活动的氛围就浓烈起来，评改的第一步"发现"就是这样形成的。例如，《夏》这篇写景散文，笔者在备课时发现，统领全文的第一句"充满整个夏天的是一个紧张、热烈、急促的旋律"（单独成段），与主体部分所写的内容先后顺序不一致。于是在解题导入之后，将这个问题交给学生，让学生仔细研读，看其中是否矛盾。这篇课文篇幅很短，学生通过正文四个自然段首句的阅读，就能一眼发现结构上存在不协调的问题，于是课堂上出现了热烈讨论。这就为评改确定了基本内容和思考方向。

2.评改的难点是阐释

阐释就是阐明陈述，详细解释。这种阐释可以针对课文中的字词、语句、段落、结构、修辞甚至标点符号等各种语言现象，其角度或正面评赏其精彩，或反面修改其瑕疵。只要有了某种冲动的意识，都可以通过讲道理的方式，指出其中的佳处或瑕点。分析时要以课文为据，以理服人，具体实在。这是在"发现"基础上的第二步。初中生写议论文还基本没有入门，但这种对某个问题正确与错误的阐释是一种片段性的认知，通常是不难表述的。对于《夏》这篇课文，就要从结构上来重新认识、反复推敲。在教师的引导和启发下，学生们"敢"字当头，迎难而上，把矛盾处找出来，然后进行针对性的分析，充分表达自己的观点，先想后写，先写后说。通过这样动脑、动笔、动口等形式的综合运用，学生的积极性空前高涨，形成了评改性阐释文字：①"首句的中心词是'紧张、热烈、急促'，'紧张'在前"，而正文部分的'紧张'却排在最后，这显然是不妥的"。②"首句的'热烈'排在第二位，而正文的热烈内容却排在第一位，这又形成了反差"。③"开头的中心词'急促'在正文里没有独立的自然段呈现，或者说到处都有体现，而正文第二段中的'金黄'内容，首句却没有领起的词语标志"。这三点认识都是符合实际的。

3.评改的终点是修改

问题"发现"出来了，阐释也基本到位了，紧接着是第三步修改。修改就是针对症结所在，进行科学客观、恰当合理的诊治，澄清是非，使之归位到正确的语境上来。这主要是专指从商榷角度认知教材而言的。修改的途径往往是多种多样的，诚如医生给病人做手术那样，省力、省时是最理想的途径。针对第二步阐述的三个方面，修改也应该从这三个方面考虑：①首句不动，将第四自然段调至前面成为第二自然段，调动之后通读检验，照样紧凑通畅；②原来的第二自然段就成了第三自然段，正好与首句排在第二位的"热烈"相一致；③将首句的"急促"换成"金黄"，因为"紧张"和"热烈"已经蕴含"急促"。这就将课文还原到——对应、先后一致、和谐相处的严密结构上。

评改式课型就是这样运作的，对文不对人。如果从正面评改，"评"就是赞赏，"改"就是变换，意在形成比较，加深对课文佳处的印象。

后　记

　　这本书的有些内容，是我当学生时就准备写的。从小学到中学，我对语文学科总是情有独钟。在我的心脑里，总觉得语文有一股魔力，将我紧紧地吸附在它的身上。于是高中毕业的升学志愿，不管选择哪所大学，我的第一志愿都是"汉语言文学"专业。当我真正成为语文教师的时候，我才感到仅凭一股热情并非就能吃透教材、用好教材、教好学生、当好老师，必须拥有丰富的教学智慧、较强的教学能力和巧妙的教学艺术，才能适应教材要求、学生需要。于是我将在兴趣、激情、思考和实践融会贯通起来，倾注于教材、实施于课堂、浸润于学生、外延于生活。这样语文教学智慧便在研究、思考与实践中不断丰富起来。

　　在此基础上，我萌发了将这些智慧所得诉诸文字的强烈欲望。我受到著名散文家秦牧《艺海拾贝》的启示，它是我多年爱读的藏书，我能不能向这位散文大家学习，将我对语文教学智慧的感悟变成散文呢？于是我私下里尝试着，暗暗地努力着，将自己在求学阶段和工作后在课堂上关于语文方面的有关体会、认识和思考，列成一个个精巧细致的题目，着手做这件自认为极有意义的事。

　　一开始写的时候当然很不顺利。我虽然知道散文的特点是"形散神聚"，初高中课本里也有不少散文精品，但是真要下笔尝试的时候，其难度真可谓"难于上青天"，但是我并不灰心，更不放弃。我写的时候采用分类、分段的方法，先由点到线，再由线到面，然后与《艺海拾贝》中的散文比较——那真是不比不知道呀，我的写作能力特别是散文写作功底太薄弱了。

　　于是我又开始了慢慢地积淀，写着、学着、比着、改着、想着，就这样渐渐摸索，悄悄靠拢，终于有一篇自认为写得不错的散文随笔诞生了，就是《语文教学的难与易》，1 500多字，是本书的第一篇。我拿给当时在县教研室担任中学语文教研员的特级教师莫家泉先生看看，请他指导，受到了他的高度赞赏和热情鼓励。从那以后的十多个年头里，我一直坚持着写作。

随笔这类文章短小精悍，不是长篇大论，只要思考成熟，成文是比较简单的，所以想到什么写什么，构思成熟就下笔。当某个火花一旦在我的脑际闪现的时候，便立马将其记录下来，挤出时间，一挥而就。有时候一天就是一篇，有时候几天也写不出几个字，甚至一个月也弄不了几篇。遇到这个时候，我知道思维还存在问题，干脆搁置一边。其中的写作甘苦，可见一斑。

现行初高中语文课本虽然只有11本（初中6本，高中连同选修5本），但其中涉及古今中外的内容可以说浩如烟海，为之教学与研究而引发的感悟和联想那更是无穷无尽。也就是说，这本小著所及的内容只是沧海一粟。对于每个人来说，如果要在高中语文的海洋里畅游的话，都可以跃身于其中，海阔凭鱼跃。将这本书奉献给有志于中学语文教学的同仁们，目的是抛砖引玉。

在这本书即将面世的时候，我的心里很不平静，涌起的感谢之情如喷泉般喷涌而出。我要感谢经常激励我在中学语文教学之路上永不止步的县教研室语文教研员莫家泉、何小幼先生，是他们不断给我注入积极进取的力量；我要感谢我的领导和我的同仁，是他们经常鼓励帮助我在教学教研上建功立业；我要感谢我任教的一届又一届的学子们，是他们的不懈努力、纯洁真诚和优异成绩，给了我极大的安慰和无尽的幸福。

本书名为《语海泛舟——语文教学智慧随笔》，其中的副书名很好理解，"语文教学"是我的本职工作，也是我终身所从事的伟大的教育事业。笔者主要以高中语文教学为主，后来因为申报省电教课题"关于微课在中学鲁迅作品中应用的研究"，我对初中语文课本中的鲁迅作品和有关名篇也做了认真阅读和研究，所以本书中有的篇目也涉猎初中语文教材。教学和教研都是需要"智慧"的，没有智慧怎么能圆满地完成教学任务，怎么能受到学生的好评和尊敬，怎么能成为合格乃至优秀的语文教师。"随笔"是散文的一个分支，是议论文的一个变体，兼有议论和抒情两种特性，篇幅短小，形式多样，常用各种修辞手法传达自己的见解和情感，语言灵动，是较为流行的一种文体，所以本书的体裁定位为"随笔"。

至于主书名中"语海"是一个比喻，意为"语文内容和语文教学智慧像大海那样宽广"。我们所学和所教的各学科都是一个深不见底、宽不见岸的海洋，而语文是工具学科，其海洋则更为宏大。书中就有一篇题为《教学生在"语海"中游泳》的随笔，语文老师的教学与教研等一切活动都是在"语海"里"游泳"，也都是在教学生在"语海"里"游泳"。"泛舟"是可以成词的，意即水上行船或坐船游玩。苏轼《前赤壁赋》有云："苏子与客泛舟游于赤壁之下。"取此意就是指我们这些语文教师的语文教学，就要像驾船在海上游玩一样，那是多么惬意呀，只有感到"惬意"才能把语文教学和教研当作一件乐事、一种美事，只有达到了这样的教学境界，才能教好语文，当好语文老师。

周乘波

2021 年 2 月 8 日